¡Ven conmigo!®

Holt Spanish
Level 3

Chapter Teaching Resources
Book 2

HOLT, RINEHART AND WINSTON
Harcourt Brace & Company

Austin • New York • Orlando • Atlanta • San Francisco • Boston • Dallas • Toronto • London

Contributing Writers:

Sharon Heller
Mediatheque, Inc.
Amy Propps
Publisher's Resource Group
Ann White

Photography Credits: Page 154 (both), Michelle Bridwell/Frontera Fotos; 160, W. Woodworth/SuperStock; 203 (all), HRW photo by Marty Granger/Edge Productions.

Some material in this book has been taken from other Holt, Rinehart and Winston, Inc./Harcourt Brace and Company publications.

¡VEN CONMIGO! is a registered trademark licensed to Holt, Rinehart and Winston, Inc.

Printed in the United States of America

ISBN 0-03-095030-9

3 4 5 6 7 8 9   021   99 98 97

Contents

CAPÍTULO 8

Los medios de comunicación...........163

To the Teacher

Teaching Resources with Organizer

Most of the ancillary material available for use with Level 3 of the **¡Ven conmigo!** Spanish program is packaged together, by chapter, in three *Chapter Teaching Resources* books. These three books are found in the Teaching Resources with Organizer and each contains the material for four chapters.

> *Chapter Teaching Resources, Book 1* Chapters 1–4
> *Chapter Teaching Resources, Book 2* Chapters 5–8
> *Chapter Teaching Resources, Book 3* Chapters 9–12

Chapter Teaching Resources, Books 1–3:

Each chapter contains the following instructional materials:

- **Communicative Activities** In each chapter four communicative, pair-work activities encourage students to use Spanish in realistic conversation. The activities provide cooperative language practice and encourage students to take risks with language in a relaxed, uninhibiting, and enjoyable setting. The first two communicative activities can be used after the first **paso** and the second two activities after the second **paso**.

- **Teaching Transparency Masters** The blackline masters of the *Teaching Transparencies* enable you to place a copy of the transparency in the hands of each student for use in cooperative learning groups, for individual or group writing assignments, and for homework. Along with the blackline masters of the *Teaching Transparencies* are suggestions for using the transparencies in the classroom.

- **Additional Listening Activities** Six activities per chapter, three for each **paso** in the chapter, provide additional listening comprehension practice. To develop listening skills, students hear conversations, announcements, advertisements, radio broadcasts, phone messages, and so on, that simulate real-life listening situations and which contain some unfamiliar material. The scripts of the recordings are provided for you, as are forms on which students can write their responses. The listening activities are recorded on the *Additional Listening Activities Audiocassettes* and on the *Audio Compact Discs*.

- **Realia** In each chapter there are two reproducible pieces of realia that relate to the chapter theme and reflect life and culture in Spanish-speaking countries. Finding they can read and understand documents intended for native speakers gives students a feeling of accomplishment that encourages them to continue learning. Along with the blackline masters of the realia you will find suggestions for using the realia in the classroom.

- **Situation Cards** For each **paso** of the chapter, three sets of interview questions and three situations for role-playing are provided in blackline master form. These cards are designed to stimulate conversation and to prepare students for their speaking tests. To avoid having to copy the cards repeatedly, consider mounting them on cardboard and laminating them.

- **Student Response Forms** Blackline masters of answer forms for the listening activities in the *Pupil's Edition* are provided for you.

- **Quizzes** Two quizzes accompany each chapter, one quiz for each **paso**. Each is short enough to be administered within a class period, leaving ample time for other activities. The quizzes, which focus on the material of the **paso**, assess listening, reading, and writing skills, as well as culture. Reading material, in various formats, assesses comprehension of the material of each **paso**, while the writing portion of each quiz asks students to express themselves in real situations. You will find the listening section of each quiz recorded on the *Assessment Items Audiocassettes* and on the *Audio Compact Discs*.

- **Chapter Tests** The Chapter Tests for Chapters 1–12 include listening, reading, writing, and culture segments. They are designed to be completed in a class period. Score sheets are provided with the tests. With the exception of the writing and some culture segments, the Chapter Tests are designed to facilitate mechanical or electronic scoring. You will find the listening segments for the Chapter Tests recorded on the *Assessment Items Audiocassettes* and on the *Audio Compact Discs*.

- **Scripts and Answers** Scripts and answers for the Additional Listening Activities, the Quizzes, and the Chapter Test are found in this section.

- **Answer Key for *Practice and Activity Book*** Full-size pages of the *Practice and Activity Book* for each chapter, including the preliminary chapter, have been reproduced with answers in place.

In addition to *Chapter Teaching Resources Books 1–3*, the *Teaching Resources with Organizer* contain the following components:

- The *Grammar and Vocabulary Reteaching and Practice Worksheets* book contains activity masters that provide additional practice with active vocabulary and grammar taught in each **paso** of ¡**Ven conmigo!**

- The *Assessment Guide* provides materials to help you implement portfolio assessment in your classroom, including an explanation of portfolio assessment and suggestions for setting up portfolios and selecting materials for them. Portfolio activities—oral and written—are suggested for each chapter in the textbook, along with criteria for evaluating the activities. Portfolio checklists and evaluation forms are provided for both the student and the teacher. Speaking Tests for Chapters 1–12, the Midterm Exam, and the Final Exam are also included in the *Assessment Guide*.

- The *Video Guide* provides material for both you and your students. The booklet contains all the scripts of the ¡**Ven conmigo!** *Video Program*. Blackline masters provide students with supplementary vocabulary and activities. Also, you will find background information and suggestions for additional pre-viewing, viewing, and post-viewing activities.

Additional Ancillaries

The following ancillaries are also available with Level 3 of ¡**Ven conmigo!**

- The *Audiocassette Program* includes all recorded material for use with ¡**Ven conmigo!** Material from each chapter of the *Pupil's Edition* is recorded on six *Textbook Audiocassettes*. The **De antemano** episode is recorded twice, once for listening and again with pauses for student repetition. Also recorded are the interviews in the **Panorama Cultural** and the listening activities. Two *Assessment Items Audiocassettes* provide recordings of the listening sections of the Chapter Quizzes, the Chapter Tests, the Midterm Exam, and the Final Exam. Two *Additional Listening Activities Audiocassettes* contain the recorded scripts for the Additional Listening Activities. One *Songs and Poems Audiocassette* presents songs to be enjoyed with each chapter.

- The *Audio Compact Discs* contain all the material available on the *Audiocassette Program*, regrouped to take advantage of the easy access provided by compact disc technology. Each disc contains all the material necessary for an entire chapter: textbook activities, assessment items, additional listening activities, and songs or poems.

- The *Test Generator* software program enables you to construct your own tests to meet the needs of your students. You can choose from an array of speaking, listening, reading, writing, vocabulary, grammar, and culture items. The *Test Generator* is also a valuable source of additional activities to practice the chapter material. It is available in the Macintosh® version or the IBM® and Compatibles version.

- The *Practice and Activity Book, Pupil's Edition* contains contextualized vocabulary, grammar, and communication activities that are closely coordinated with the chapters of the textbook. Each chapter of the *Practice and Activity Book* provides activities for the **De antemano** and each of the three **pasos**, reading practice to supplement the **Vamos a leer** section, and cultural awareness activities that require students to apply their knowledge of Spanish-speaking cultures. The activities, ranging from simple to complex, from controlled to open-ended, provide additional opportunities for students to develop communication skills and cultural understanding. Answers to the *Practice and Activity Book* activities are included by chapter in the *Chapter Teaching Resources Books*.

- The *Teaching Transparencies* are a valuable resource for involving students in interactive communication. Two transparencies per chapter depict situations closely related to each **paso**. You may wish to use them in your initial presentations or to re-enter and review previously learned material.

- The *Native Speaker Activity Book* contains a diagnostic test for the teacher and, chapter by chapter, authentic readings and activities that strengthen all four language skills of native speakers and address issues of particular interest to them.

CAPÍTULO

Nuestras leyendas

RESOURCES

Nuestras leyendas

Chapter Teaching Resources Correlation Chart

RESOURCES	Print	Audiovisual

De antemano

Practice and Activity Book, p. 49..*Textbook Audiocassette 3A/Audio CD 5*
—Answers: *Chapter Teaching Resources, Book 2*, p. 41

Primer paso

Chapter Teaching Resources, Book 2
- Communicative Activities 5-1, 5-2, pp. 3–4
- Teaching Transparency Master 5-1, pp. 7, 9 ....*Teaching Transparency 5-1*
- Additional Listening Activities 5-1, 5-2, 5-3, pp. 10–11 ....*Additional Listening Activities, Audiocassette*
  —Scripts, p. 34; Answers, p. 35 *9B/Audio CD 5*
- Realia 5-1, p. 14, 16
- Situation Cards 5-1, pp. 17–18
- Student Response Forms, p. 19
- Quiz 5-1, pp. 21–22 ....*Assessment Items, Audiocassette 7B/Audio CD 5*
  —Scripts, p. 37; Answers, p. 38

Practice and Activity Book, pp. 50–53
—Answers: *Chapter Teaching Resources, Book 2*, pp. 42–45
Native Speaker Activity Book, pp. 21–25
—Answers: *Chapter Teaching Resources, Book 2*, pp. 53–54
Video Guide ....*Video Program, Videocassette 1*

Adelante

Practice and Activity Book, p. 54..*Textbook Audiocassette 3A/Audio CD 5*
—Answers: *Chapter Teaching Resources, Book 2*, p. 46

Segundo paso *Chapter Teaching Resources, Book 2*
- Communicative Activities 5-3, 5-4, pp. 5–6
- Teaching Transparency Master 5-2, pp. 8, 9 ....*Teaching Transparency 5-2*
- Additional Listening Activities 5-4, 5-5, 5-6, pp. 11–12 ....*Additional Listening Activities, Audiocassette*
  —Scripts, p. 35; Answers, p. 36 *9B/Audio CD 5*
- Realia 5-2, pp. 15, 16
- Situation Cards 5-2, 5-3, pp. 17–18
- Student Response Forms, p. 20
- Quiz 5-2, pp. 23–24 ....*Assessment Items, Audiocassette 7B/Audio CD 5*
  —Scripts, p. 37; Answers, p. 38

Practice and Activity Book, pp. 55–58
—Answers: *Chapter Teaching Resources, Book 2*, pp. 47–50
Native Speaker Activity Book, pp. 21–25
—Answers: *Chapter Teaching Resources, Book 2*, pp. 52–53

ASSESSMENT

Paso Quizzes
- *Chapter Teaching Resources, Book 2*
  Quizzes, pp. 21–24
  Scripts and answers, pp. 37–38
- Assessment Items, *Audiocassette 7B/Audio CD 5*

Portfolio Assessment
- *Assessment Guide*, pp. 2–13, 18

Chapter Test
- *Chapter Teaching Resources, Book 2*, pp. 25–30
  Test score sheets, pp. 31–32
  Test scripts and answers, pp. 39–40
- *Assessment Guide*, Speaking Test, p. 30
- Assessment Items, *Audiocassette 7B/Audio CD 5*

Test Generator, Chapter 5

Nombre _____ Clase _____ Fecha _____

5-1A You and your partner work at the housing office of a private school. Your job is to decide what students will room together, based on how compatible they are. You each have three cards giving you information about new students. Exchange all the information you have about each student. Then discuss which three pairs would be most compatible as roommates and why. Then list your decisions in the space provided below.

Nombre: _Alfonso Vargas_
Edad: _18 años_
Familia: _grande (8 personas)_
Personalidad: _abierto, extrovertido_
Le gusta mucho: _ir a fiestas, estar con sus amigos_
A veces le gusta: _leer_
Le molesta: _levantarse temprano_
Pasatiempo favorito: _jugar a los deportes_

Nombre: _Mark Daniels_
Edad: _17 años_
Familia: _Grande (7 personas)_
Personalidad: _muy ordenado, disciplinado_
Le gusta mucho: _estudiar biología_
A veces le gusta: _leer poesía_
Le molesta: _el ruido_
Pasatiempo favorito: _ir a la librería_

Nombre: _Pablo Morales_
Edad: _16 años_
Familia: _Pequeña (2 personas)_
Personalidad: _Tímido, introvertido_
Le gusta mucho: _escribir cartas_
A veces le gusta: _jugar con su computadora_
Le molesta: _hacer su tarea_
Pasatiempo favorito: _hablar por teléfono_

The three most compatible pairs are:

_____

_____

_____

_____

_____

_____

5-2A You and your partner are members of the school debate team. The statements below will be debated at the state tournament. React to each statement by writing an expression of agreement or disagreement on the chart. Then ask your partner for his or her opinions and complete the chart below. Based on your responses, list one statement that you both agree on and one about which you have very different opinions.

	TU	TU COMPAÑERO(A)
Sería bueno tener clases seis días a la semana.		
Debe ser ilegal fumar en edificios públicos.		
Los estudiantes no deben poder salir de la escuela durante el almuerzo.		
No debemos tener tarea.		
Sería bueno tener una mujer como presidenta.		

_____

_____

Communicative Activities 5-1B and 5-2B

CAPÍTULO 5

5-1B You and your partner work at the housing office of a private school. Your job is to decide what students will room together, based on how compatible they are. You each have three cards giving you information about new students. Exchange all the information you have about each student. Then discuss which three pairs would be most compatible as roommates and why. Then list your decisions in the space provided below.

Nombre: Albert Kensington
Edad: 18 años
Familia: grande (7 personas)
Personalidad: no habla mucho
Le gusta mucho: ver reportajes en la televisión
A veces le gusta: leer revistas sobre la computación
Le molesta: levantarse tarde
Pasatiempo favorito: llamar a sus amigos por teléfono

Nombre: Alex O'Hara
Edad: 15 años
Familia: Pequeña (4 personas)
Personalidad: introvertido
Le gusta mucho: ir a la biblioteca a leer
A veces le gusta: escuchar música clásica en la radio
Le molesta: un cuarto que no está en orden
Pasatiempo favorito: coleccionar estampillas

Nombre: Milton Johnson
Edad: 17 años
Familia: pequeña (3 personas)
Personalidad: le gusta mucho hablar
Le gusta mucho: invitar a sus amigos a su casa
A veces le gusta: mirar la televisión
Le molesta: acostarse tarde
Pasatiempo favorito: ver deportes en la televisión

The three most compatible pairs are:

_____

_____

_____

_____

_____

5-2B You and your partner are members of the school debate team. The statements below will be debated at the state tournament. React to each statement by writing an expression of agreement or disagreement on the chart. Then ask your partner for his or her opinions and complete the chart below. Based on your responses, list one statement that you both agree on and one about which you have very different opinions.

	TU	TU COMPAÑERO(A)
Sería bueno tener clases seis días a la semana.		
Debe ser ilegal fumar en edificios públicos.		
Los estudiantes no deben poder salir de la escuela durante el almuerzo.		
No debemos tener tarea.		
Sería bueno tener una mujer como presidenta.		

_____

_____

Nombre _____ Clase _____ Fecha _____

5-3A You and your partner are members of the yearbook staff. You have both interviewed some students about their plans after graduation and their greatest ambitions in life. Ask your partner about the people he or she has interviewed so you can fill out your chart below. Then respond to your partner's questions about the students you have interviewed.

Nombre	Planes después de graduación	Gran ambición
Samuel	Ojalá que pueda abrir una panadería internacional.	Espero escalar la montaña más alta del mundo.
Gabriela	Espero trabajar en Hollywood de camarera.	El sueño de mi vida es ser estrella de cine.
Santos	Espero estudiar ciencias en la universidad.	Tengo muchas esperanzas de eliminar la contaminación.
Chavela		
Ricardo		
Margarita		

5-4A You and your partner are archaeologists who have discovered the ruins of an ancient civilization. After weeks of interviewing people who live in the area of the ruins, you and your partner are ready to prepare a timeline of some events in this civilization's history. You have gathered information about several events, and your partner has gathered the rest. Exchange information below with your partner and complete the timeline that follows.

- Dicen que el rey de Uxmar declaró la guerra contra el país de Ramux en el año 296.
- Supuestamente en el año 300 los reyes de Uxmar y Ramux acordaron la paz.
- Oí que en el año 400 los ejércitos de Uxmar se prepararon para una guerra.

```
200          300          400          500
```

Communicative Activities 5-3B and 5-4B

5-3B You and your partner are members of the yearbook staff. You have both interviewed some students about their plans after graduation and their greatest ambitions in life. First, share with your partner the information that you have obtained in your interviews. Then find out the information that your partner has obtained in his or her interviews so that you can fill out the chart below.

Nombre	Planes después de graduación	Gran ambición
Chavela	Espero trabajar en la tienda de mi hermana.	Ojalá que me case y que tenga una familia grande.
Ricardo	Tengo esperanzas de estudiar la farmacia en la universidad.	El sueño de mi vida es ganar la lotería.
Margarita	Espero ser cantante en una banda.	Una de mis grandes ambiciones es viajar a la luna.
Gabriela		
Samuel		
Santos		

5-4B You and your partner are archaeologists who have discovered the ruins of an ancient civilization. After weeks of interviewing people who live in the area of the ruins, you and your partner are ready to prepare a timeline of some events in this civilization's history. You have gathered information about several events, and your partner has gathered the rest. Exchange information below with your partner and complete the timeline that follows.

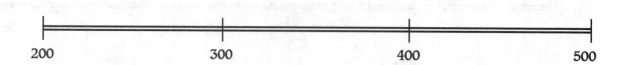

- Alguien me dijo que el rey de Uxmar descubrió enemigos del país Ramux en su ejército en el año 292.
- Se dice que la boda del príncipe de Uxmar con la princesa de Ramux ocurrió en el año 345.
- La derrota del ejército de Uxmar ocurrió en el año 425.

200   300   400   500

¡Ven conmigo! Level 3, Chapter 5

Teaching Transparency Master 5-2

Teaching Transparency 5-1

1. **Speaking/Listening/Group work:** This transparency represents the confrontation depicted in the **De antemano** section of Chapter 5. Have students argue the case for each of the litigants. Two students will play the protagonists, who will answer the lawyer's questions. Tell the students that this is a hearing in which both sides will be presented and each will be able to defend himself against attack from the other. One student will act as judge and will preside over decorum and time limits. Other students may act as the jury. Indicate that the object is to best represent each point of view based on the likely historical perspective of the client, regardless of one's own personal opinions. Ask students to find the best rationale for each protagonist's behavior and the best possible excuses for his defense.

2. **Writing/Pair work:** Ask the students to work in pairs to create some dialogue for each of the characters in the transparency. Give them copies of the transparency and have them paste word bubbles in place containing dialogue that summarizes the most important points each character would make. Each pair or group may then read the results of their work to the class. Encourage them to use the target vocabulary expressing qualified agreement and disagreement, as well as reporting what others say and think.

3. **Reading/Group work:** Hand out the dialogues that students wrote in Activity 2 above. Ask students to work in groups to write comprehension questions about the dialogues. Then ask students to exchange dialogues and questions with other groups and answer the questions.

Teaching Transparency 5-2

1. **Listening:** Tell the class the legend of Quetzalcóatl, pointing to the appropriate bubbles as you go through the story. Ask students comprehension questions as you progress through the story.

2. **Speaking/Group work:** Ask students to work in groups to act out what is happening in the transparency. One student takes the part of the old storyteller. The other students take the part of children who ask the storyteller questions as he tells the story.

3. **Writing/Pair work:** Ask students to work in pairs to prepare a written version of the legend of Quetzalcóatl. Then ask each pair of students to exchange papers with another pair for peer review. After students have made any corrections suggested by the peer reviewers, students may turn in their papers to the instructor or present them orally to the class.

■ Additional Listening Activities

CAPÍTULO 5

■ PRIMER PASO

5-1 Alicia and Enrique are having one of their typical conversations. Based on what you hear, answer the questions on your answer sheet.

Idea	Alicia	Enrique
Los libros de historia son muy importantes para conocer nuestra historia.		
Las leyendas son muy importantes para explicarnos la historia.		
Las leyendas mienten.		
No va a llover.		

5-2 You will hear a conversation between Mariana and Elisa, who are chatting from time to time while they do their homework. For each topic they discuss, indicate on your answer sheet if Elisa is expressing total agreement, qualified agreement, or total disagreement.

	Total agreement	Qualified agreement	Total Disagreement
1.			
2.			
3.			
4.			
5.			
6.			

Additional Listening Activities

5-3 Indiscreta Islas is the host of a radio program about show business. Listen to what Indiscreta reports about different stars and, on your answer sheet, indicate if her information is a fact based on something that a specific person said or a speculation based on vague reports by unnamed sources.

	Fact	Speculation
1.		
2.		
3.		
4.		
5.		
6.		
7.		

■ SEGUNDO PASO

5-4 Ricki and Elena are having a conversation while doig something else. Based on what you hear, indicate on your answer sheet which person would s... each sentence.

	Ricki	Elena
Espero que la guerra termine pronto.		
Ojalá que tengas comida.		
Espero que los héroes ganen la lucha.		
El sueño de mi vida es vivir en un supermercado.		
Tenía muchas esperanzas de divertirme, pero no tienes comida.		
Ojalá que vayamos pronto a la Hamburguesa Infinita.		
Espero que no me digas que tienes hambre otra vez.		

Additional Listening Activities

5-5 A documentary film class at a high school did a series of interviews in which students talked about one of their major ambitions. Listen to these students and fill in the chart with the appropriate information.

Nombre	Ambición
Jorge	
Julia	
Pedro	
Raquel	
Oscar	

5-6 Pablo and Tanya are whiling away the time during a long bus trip with the band. Based on what they say, complete the statements below.

1. Pablo dice que el sueño de su vida es _____
_____.

2. Cuando era niño, Pablo esperaba _____
_____.

3. Pablo tiene muchas esperanzas de _____
_____.

SONG

This old, mournful, romantic song from Mexico is well-known throughout the Spanish-speaking world. **La llorona** *(the weeping woman)* is meant to represent the eternal female. The song has many stanzas, and wherever it is sung, there is always someone who knows a stanza or two that nobody else has heard before. These lyrics are among the best-known.

La llorona

Todos me dicen el negro, llorona
Negro pero cariñoso. *(Repite)*
Yo soy como el chile verde, llorona
Picante pero sabroso. *(Repite)*
Ay, de mí, llorona
Llorona, por qué llorar. *(Repite)*
Hay muertos que no hacen ruido, llorona,
Y es más grande su penar. *(Repite)*
Ay de mí, llorona, llorona,
Llorona de azul celeste. *(Repite)*
Y aunque la vida me cueste, llorona,
No dejaré de quererte. *(Repite)*
Bajabas del templo un día, llorona,
Cuando al pasar yo te vi.
Hermoso huipil llevabas, llorona,
Que la Virgen te creí. *(Repite)*

This song is recorded on *Audio CD 5* and is also on *Audiocassette 11: Songs*. Although it is presented in this chapter, it can be used at any time.

Realia 5-1

CAPÍTULO 5

Este Año... Isla Margarita

Viajero moderno y *AmériTur, S.A.,* con la colaboración de *AeroCaribe,* sortean un viaje para dos personas al paraíso tropical venozolano: la bellísima *Isla Margarita.*

Viajero moderno, la revista que cada mes lo lleva a Ud. y a su familia a todas partes del mundo, le ofrece la posibilidad de pasar 15 días inolvidables en la Isla Margarita con un acompañante, si su cupón resulta premiado en el sorteo que se realizará el 10 de septiembre.

- El premio incluye viaje por AeroCaribe y hotel en régimen de alojamiento y desayuno (14 noches).
- El nombre del ganador del sorteo se publicará en el próximo número de *Viajero moderno.*
- El viaje se realizará antes del 30 de mayo de 1998. Las fechas del viaje estarán sujetas a previa aprobación de AmériTur, S.A.

- -

Nombre y apellidos _____

Dirección _____

Población _____ Teléfono _____

Provincia _____ C.P. _____

Profesión _____ Edad _____

Destinos preferidos en sus viajes:

☐ América del Sur ☐ América del Norte ☐ Caribe
☐ Europa ☐ África ☐ Asia ☐ Oceanía

¿Le gusta viajar con grupos organizados?

☐ Sí ☐ No

Medios de transporte que Ud. prefiere utilizar en sus viajes:

☐ Coche ☐ Tren ☐ Avión ☐ Autobús
☐ Barco ☐ Otro medio de transporte.

La revista *Viajero moderno:*

☐ Le proporciona importantes datos que resultan útiles para sus viajes
☐ Le ayuda a escoger los destinos de sus sueños
☐ Le ayuda a comprender mejor el mundo en que vivimos

- -

¿Desea Ud. extender su suscripción con un 15% de descuento? Durante todo el mes de agosto llame a uno de nuestros teléfonos de atención al suscriptor: (71) 647 00 28 y 647 00 23.

¡No vacile! Envíe este cupón debidamente certificado antes del 29 de agosto a la siguiente dirección: EDICIONES BUSCAGLIA, S.A. REVISTA *Viajero moderno,* Avda. San Luis 45, planta baja, 80078 Buenos Aires, Indique en el sobre "Sorteo Isla Margarita".

AeroCaribe
Oficina regional
Pza. Torreblanca, 13, oficina 44 80651 Buenos Aires
Tfno. (71) 676 99 92. Fax: (71) 676 99 87

GUÍA
DE LA
CATEDRAL

Santo Domingo de la Calzada

MILAGROS DEL GALLO Y LA GALLINA

Cuenta la tradición, que entre los muchos peregrinos compostelanos que hacen alto en esta ciudad para venerar las reliquias de Santo Domingo de la Calzada, llegó aquí un matrimonio de Da Santis, Arzobispado de Colonia, con su hijo de dieciocho años, llamado Hugonell.

La chica del mesón donde se hospedaron, se enamoró del Hugonell, pero ante la indiferencia del muchacho, decidió vengarse. Metió una copa de plata en el equipaje del joven y cuando los peregrinos siguieron su camino, la joven denunció el robo al corregidor.

Las leyes de entonces (Fuero de Alfonso X el Sabio) castigaron con pena de muerte el delito de hurto y una vez prendido y juzgado, el inocente peregrino fue ahorcado.

Al salir sus padres camino de Santiago de Compostela fueron a ver a su hijo ahorcado, y cuando llegaron al lugar donde se encontraba, escucharon la voz de su hijo que les anunciaba que "Santo Domingo de la Calzada" le había conservado la vida. Fueron inmediatamente a casa del corregidor de la ciudad y le contaron el prodigio.

Incrédulo el corregidor les contestó que "su hijo estaba tan vivo como el gallo y la gallina asados que él se disponía a comer."

En ese preciso momento, el gallo y la gallina se cubrieron de plumas y saltando del plato se pusieron a cantar:

Y desde entonces se dicen los famosos versos:
SANTO DOMINGO DE LA CALZADA
QUE CANTÓ LA GALLINA DESPUÉS DE ASADA.

En recuerdo de este suceso, se mantienen un gallo y una gallina vivos y siempre de color blanco durante todo el año, proceden de donaciones y se realiza el cambio de las parejas cada mes. Frente a esta hornacina, que se construyó para conmemorar este milagro, y debajo de la ventana se conserva un trozo de madera de la horca del peregrino.

Primera cita del gallo y la gallina en documento de 1.350, en el Archivo de la Catedral.

"Milagros del Gallo y la Gallina" and photograph from front cover from brochure, *Santo Domingo de la Calzada: Guía de la catedral.* Reprinted by permission of **Gráficas Ochoa, S.A.**

CAPÍTULO

Realia 5-1: Anuncio para la Isla Margarita

1. **Reading/Group work:** Have students read over the realia in groups of three. Can they tell what the printed items are? Can they tell that this drawing is being held by a travel magazine. Where is **Isla Margarita**? Have them find it on a map. Is there anything in the ad that gives them a clue about what the island is like?

2. **Writing/Group work:** Have students write a short essay telling what they would do on a vacation to **Isla Margarita** if they were to win the contest.

3. **Speaking/Pair work:** Divide the class into pairs two friends planning a trip together. The pair is having trouble reaching an agreement on the details of their trip; in fact they don't seem able to agree about much of anything. (Students should use expressions from the chapter in their discussion.)

4. **Listening:** Before you distribute the realia, read the first third of the page (down to the first dotted line) to the class. Then read the class true/false statements or comprehension questions based on what they heard.

Realia 5-2: Guía de la Catedral

1. **Reading:** Ask students if they can tell what sort of publication these two pages come from. Tell them that the legend given here explains the origin of a tradition. Have them read the legend, keeping in mind the following questions: What is the tradition that this legend explains? (the keeping of a live white rooster and hen) Who is the hero of the story? (either Santo Domingo or Hugonell) The villain? (either the innkeeper's daughter or the *mayor*)

2. **Writing:** Using the basic structure of this legend, have students write a legend to explain a tradition they are familiar with (Halloween, the tooth fairy, the school colors, etc.)

3. **Speaking:** Have students recount from memory the main points of either the **"Milagro del gallo y la gallina"** or the legend they wrote for the writing exercise above. You may want to have students record their rendition of the legend for their portfolios.

4. **Listening:** Read the **"Milagro del gallo y la gallina"** aloud to the class and ask them comprehension questions in Spanish as you progress through the story.

C A P Í T U L O   5

Situation 5-1: Interview

Imagine that you're one of the hottest young movie stars of recent time. You've finally agreed to an exclusive interview. The interviewer hopes to sort out the stories that go around about your glamorous life.

Se dice que a Ud. ya no le gusta salir mucho. ¿Es verdad?

Dicen que Ud. era muy buen(a) estudiante antes de tener éxito en Hollywood. ¿Puede comentar eso?

Según los chismes, Ud. es una persona muy privada, hasta insegura. ¿Es Ud. así de verdad?

Oí que Ud. tiene novio(a). ¿Es cierto?

Situation 5-2: Interview

You're being asked your opinions on a local talk show that deals with educational issues. The interviewer wants to know if you agree with him (her) on several subjects. Indicate whether you agree or disagree with the following statements your interviewer might make.

Es necesario estudiar leyendas y mitos en las escuelas, ¿no le parece?

Las leyendas y los mitos de la historia son más importantes que la ciencia, ¿no?

El proyecto más importante de nuestras escuelas es enseñar sobre las guerras, ¿no es así?

Todas las clases de literatura deben incluir leyendas y mitos.

Situation 5-3: Interview

You're being interviewed for a college scholarship and have to discuss your plans for the future. Answer these questions that the interviewer might ask you.

¿Qué esperas estudiar en la universidad?

¿Cuál es el sueño de tu vida?

En tu opinión, ¿tienes mucha ambición?

En tu opinión, ¿quién es un héroe o una heroína hoy día en nuestra sociedad?

Describe por favor algunas luchas en tu vida.

CAPÍTULO 5

Situation Cards 5-1, 5-2: Role-play

Situation 5-1: Role-play

Student A You're a high school freshman and want to get the most out of "the high school experience." You've heard some rumors about what high school is like, but you don't really know what to expect. Student B is a graduating senior. Tell him or her what you've heard and of some of your concerns.

Student B You're a senior and want to help Student A make the best of his or her high school experiences. Tell Student A what you know.

alguien me dijo que   oí que   ¡cómo no!   ¡qué va!

Situation 5-2: Role-play

Student A You and Student B are doing a presentation in history class about *World War II*. Discuss how and why the war began, who the United States considered allies as well as enemies, and point out the significant victories and defeats for the United States.

Student B Talk about the end of the war: particularly who were considered the heroes and heroines, how many people died and how the fighting countries agreed upon a peace treaty.

declarar   la derrota   la guerra   luchar   la victoria

Situation 5-3: Role-play

Student A You have the chance to go to your favorite travel destination. You're talking to a travel agent about a vacation there. Tell the agent your hopes for this trip (what you'd like to do/where you'd like to go, etc.). Also, tell the travel agent the negative things you've heard about this place (the prices, the climate, the availability of hotels, etc.).

Student B You're the travel agent. Some of the rumors Student A has heard are true, some are false, and some are partly true. Indicate which opinions you agree with and do not agree with, and try to calm his or her fears about traveling with more accurate information.

6 ¿De veras? p. 117

Unos amigos están expresando sus opiniones sobre varias cosas. Escucha cada conversación e indica si no están de acuerdo **para nada** o si están de acuerdo **totalmente** o **más o menos**.

	para nada	totalmente	más o menos
1.			
2.			
3.			
4.			
5.			
6.			
7.			

10 ¿Quién lo dice? p. 119

Escucha estos comentarios y decide si lo dice **una persona específica** o **la gente**.

	una persona específica	la gente		una persona específica	la gente
1.			5.		
2.			6.		
3.			7.		
4.					

19 La historia que nunca termina p. 124

El Vocabulario representa un cuento de niños de tipo clásico. Mira los dibujos al escuchar el cuento. Después, completa las siguientes oraciones.

1. El malvado en este cuento es el _____.

2. Antes de vencer al enemigo, los soldados valientes tuvieron que _____

   _____.

3. El héroe _____ cuando descubrió que su amigo lo traicionó.

4. Después de terminar la guerra, los victoriosos se _____ y los

   derrotados _____ su mala fortuna.

5. La heroína y el héroe se casaron en una _____ muy suntuosa.

6. Según los cuentos antiguos, el destino de los seres humanos estaba en manos de

   _____.

Student Response Forms

22 Cambio de planes p. 125

Gregorio le llama a Patricia por teléfono para decirle que tendrán que cambiar de planes. La primera vez que los escuchas, apunta cuántas veces cada uno de ellos expresa una esperanza. La segunda vez, apunta las expresiones de esperanza que usan.

1. ¿Cuántas veces usa Gregorio una expresión de esperanza? _____

2. ¿Qué expresiones de esperanza usa Gregorio?

   _____

3. ¿Cuántas veces usa Patricia una expresión de esperanza? _____

4. ¿Qué expresiones de esperanza usa Patricia?

   _____

26 Los quehaceres p. 127

Escucha el mensaje que dejó la mamá de Diego y Ofelia en la contestadora. La primera vez que escuchas el mensaje, haz una lista de las siete cosas que ella quiere que hagan. Luego escucha otra vez y mira el dibujo en la página 127 para ver si hicieron lo que ella pidió.

MODELO   sacar la basura

	Quehacer	sí	no
1.			
2.			
3.			
4.			
5.			
6.			
7.			

Repaso Activity 1 p. 132

Escucha las siguientes conversaciones entre Marcela y Antonio e indica a qué foto corresponde cada conversación. Luego escucha otra vez e indica qué espera Marcela o Antonio. Hay una conversación que no corresponde a ninguna de las fotos en la página 132.

1. _____

2. _____

3. _____

4. _____

5. _____

5 Nuestras leyendas

CAPÍTULO 5

Quiz 5-1

■ PRIMER PASO

Maximum Score: 50

I. Listening

A. Listen to the conversation between Javier and Marta about their class trip to Mexico. Then indicate which of the choices correctly completes each statement. (10 points)

_____ 1. Marta dice que Guadalajara _____.
  a. es la capital de los charros
  b. es la capital de Jalisco
  c. es la tercera ciudad de México

_____ 2. Marta dice que los charros _____.
  a. montan a caballo   b. hacen turismo   c. bailan el jarabe tapatío

_____ 3. Javier quiere oír la música de _____.
  a. Orozco   b. los mariachis   c. Maná

_____ 4. Marta quiere ir a ver los murales de _____.
  a. la Librería Rosa Blanca   b. Orozco   c. la Plaza Tapatía

_____ 5. Javier y Marta irán al Lago de Chapala para _____.
  a. conocer la Sierra Madre
  b. estudiar sus leyendas
  c. comer pescado blanco

SCORE [____]

II. Reading

B. You will read about a pre-Colombian Indian civilization that existed in México before the Aztecs. After reading the passage, indicate whether the statements are **a) cierto** or **b) falso**. (10 points)

Los toltecas fueron la civilización pre-hispánica más importante del México antiguo por su influencia unificadora de las artes y la política en la era posclásica. Vivían en las tierras que quedan al norte y al oeste de lo que hoy es la ciudad de México. Se establecieron en Tula donde permanecieron del siglo nueve al doce. Eran guerreros muy ambiciosos. El jefe de los toltecas, que se llamaba Mixcoatl, venció a casi todos los pueblos que vivían a su alrededor. Eran también grandes artesanos y constructores. Hubo un renacimiento artístico por todo el valle central de México bajo Quetzalcóatl, soberano y sumo sacerdote de los toltecas por más de veinte años. Fue durante este período de paz en toda la región que se creó la famosa cerámica de Tula. El metal entró en el reino durante estos años y los artesanos toltecas empezaron a destacarse en el arte de metalurgia también. Se construyeron nuevos templos y la influencia tolteca se sentía por todo el México central. Quetzalcóatl abdicó el trono y se fue de Tula. Bajo los sucesores de Quetzalcóatl hubo guerras, sacrificio humano y conflictos políticos. Después de ciento cincuenta años Tula, decadente y débil, fue destruida por un nuevo grupo de bárbaros. Lo que queda de la civilización tolteca es la pirámide en Tula. Allí están de pie unos guerreros gigantes que llevan en el pecho mariposas estilizadas que son el símbolo de los toltecas.

CAPÍTULO 5

Quiz 5-1

_____ 6. Se cree que el centro de la civilización tolteca fue Tula.

_____ 7. Supuestamente el soberano tolteca Mixcóatl se dedicaba a la metalurgia.

_____ 8. Dicen que cuando Quetzalcóatl fue soberano, hubo un florecimiento en las artes.

_____ 9. Se dice que hubo sacrificios humanos después de que abdicó Quetzalcóatl.

_____ 10. Se cree que la pirámide en Tula fue destruida por los bárbaros.   SCORE [____]

III. Writing

C. Write five sentences in which you report the following things that other people have told you. Use some of the expressions in the word box or others you have learned. (20 points)

sé dice que   cuentan que   supuestamente
oí que   se cree

11. The Aztec and Mayan legends are very interesting.

_____

12. The **figuras de Nazca** are part of a large calendar *(calendario)*.

_____

13. There are many beautiful murals in Jalisco.

_____

14. Bartolomé de las Casas came to the Americas in 1502.

_____

15. The Aztecs came from Aztlán.

_____

SCORE [____]

IV. Culture

D. Answer each of the following questions. (10 points)

16. Explain what is meant by the **Leyenda negra.**

_____

_____

17. Give a brief description of the writing system used by the ancient Aztecs.

_____

_____

SCORE [____]   TOTAL SCORE [____] /50

CAPÍTULO 5

Nuestras leyendas

Quiz 5-2

SEGUNDO PASO

Maximum Score: 50

I. Listening

A. Listen as the Ortegas discuss the video they're watching. Then complete the chart to indicate what each person hopes. (10 points)

	Espera Linda	Espera Sergio	Espera Papá
1. que termine pronto la parte de la guerra.			
2. que muera el monstruo marciano.			
3. que el marciano no quede muerto.			
4. que los dos ejércitos acuerden la paz.			
5. que se celebre pronto la boda de los dos personajes principales.			

SCORE _____

II. Reading

B. Read the e-mail that Juan Carlos sent his father while participating in an exchange program in Mexico City. Then indicate if Juan Carlos **a) would** or **b) would not** be likely to say the following things. If there isn't enough information in the reading to indicate one way or the other, write **c.**

```
A:       carlosochoa@interserve.com
DE:      jcochoa@intercambios.org
FECHA:   14 julio
SOBRE:   México
México es un país tan interesante. Estoy muy contento aquí. Vuelvo a los Estados
Unidos el 21 de julio pero ¡no quiero irme! Hay tantas cosas que quiero hacer. Mañana
quiero ir a las pirámides de Teotihuacán, cerca de México, D.F. Si hace buen tiempo
voy a escalar la pirámide más alta, que es la del Sol. El jueves vamos a la Basílica
de Nuestra Señora de Guadalupe. Pensaba ver la basílica algún día porque aprendí la
leyenda de la Virgen de Guadalupe el año pasado en mi clase de español. Alguien me
dijo que el Museo de Antropología en la capital es fascinante. Deseo verlo antes de
irme. Siempre he querido visitar un museo como ése. Bueno, papá, tengo que irme, pero
¡nos vemos en el aeropuerto el 21!
```

_____ 6. ¡Ojalá que mi viaje termine pronto!

_____ 7. Espero que no vayamos a las pirámides de Teotihuacán.

_____ 8. Tenía muchas esperanzas de ver la Basílica de Nuestra Señora de Guadalupe.

_____ 9. Espero que no vayamos a la basílica en metro.

_____ 10. Una de mis grandes ambiciones es visitar un museo importante. SCORE _____

Quiz 5-2

III. Writing

C. Mario will be playing in a big championship baseball game this afternoon. Based on the picture, write five sentences about his hopes and dreams. (20 points)

11. Espero _____

12. Ojalá que _____

13. Espero que _____

14. Tengo muchas esperanzas de _____

15. El sueño de mi vida es _____

SCORE [   ]

IV. Culture

D. Indicate whether each statement is **a) cierto** or **b) falso.** (10 points)

_____ 16. Quetzalcóatl quiere decir sombrero con plumas.

_____ 17. Quetzalcóatl es el dios de la civilización y del aprender en la antigua religión mexicana.

_____ 18. Se creía que Hernán Cortés era el dios Quetzalcóatl.

_____ 19. Supuestamente Quetzalcóatl inventó las matemáticas.

_____ 20. Cuentan que Quetzalcóatl salió de México en un barco prometiendo volver.

SCORE [   ]

TOTAL SCORE [   ] /50

CUMULATIVE SCORE FOR QUIZZES 1–2 [   ] /100

Nombre _____ Clase _____ Fecha _____

Nuestras leyendas

Chapter 5 Test

I. Listening

Maximum Score: 30 points

A. Fernanda is telling Micaela about the Nazca lines in Perú. Listen to their conversations. For each point they discuss, indicate if they **a) strongly agree**, **b) don't completely agree**, or **c) strongly disagree**.

_____ 1. Unos extraterrestres construyeron las figuras.

_____ 2. Había naves espaciales que aterrizaban allí.

_____ 3. Se construyeron las figuras hace miles de años.

_____ 4. Las figuras eran parte de un calendario antiguo.

_____ 5. Se construyeron las figuras para adorar a los dioses y diosas.

SCORE _____

B. Listen to Álvaro Salinas talk about his war experiences. Then indicate whether the following statements are **a) cierto** or **b) falso**. (20 points)

_____ 6. La guerra ha terminado.

_____ 7. Álvaro Salinas vuelve a su casa a descansar.

_____ 8. Su regimento ha pasado más de dos meses en batallas.

_____ 9. Su regimento ha perdido casi todas las batallas.

_____ 10. Salinas está muy contento por las victorias de su regimento.

_____ 11. Salinas ha perdido a muchos compañeros en las batallas contra el enemigo.

_____ 12. Salinas espera que la guerra continúe porque quiere ser un héroe nacional.

_____ 13. Sus padres esperan que él se haga soldado profesional.

_____ 14. El sueño de la vida de Álvaro es ser profesor de historia.

_____ 15. Según Álvaro, es mejor aprender que luchar.

SCORE _____

◇ **Chapter 5 Test**

C A P Í T U L O 5

II. Reading

Maximum Score: 30 points

C. Read the following article about the role of myths and legends in the Spanish Conquest of the Americas, then choose the item that correctly completes each statement. (20 points)

LAS LEYENDAS
como motivo de
la exploración

¿Sabía Ud. que los mitos y las leyendas desempeñaron un papel° muy importante en las exploraciones que realizaron los conquistadores españoles en el siglo XVI? Por ejemplo, la primera exploración europea del territorio que es hoy parte de los Estados Unidos fue impulsada en parte por la leyenda de la fuente° de la juventud; se dice que el explorador Juan Ponce de León buscó esta fabulosa fuente en su expedición a la costa de la Florida en 1513. La idea de una fuente fantástica, cuyas aguas daban la juventud eterna, provenía del folklore europeo de la época medieval.

Al igual que el deseo de la juventud eterna, el de la riqueza° siempre fue una constante entre los hombres; en la época de la conquista este deseo dio origen° a varios mitos que reforzaron° la ambición de los conquistadores. Los imperios azteca (México) e incaico (Perú), que tenían grandes cantidades de oro y plata, fueron vencidos por los españoles entre 1519 y 1535. Inspiradas por la increíble riqueza de Perú y de México, surgieron° varias leyendas sobre otros lugares supuestamente aún más ricos. Buen ejemplo de esto es la de El Dorado, un país legendario con incalculables riquezas. Según la leyenda, en El Dorado el oro era tan ordinario como la arena°. Por eso fue el objetivo de varias expediciones al norte de México. En otra leyenda, inspirada por El Dorado, contaban los indígenas° de México que al norte había una región llamada Cíbola, que tenía siete ciudades

maravillosas. Se decía que estas ciudades tenían calles pavimentadas de puro oro. En 1539 y en 1540 salieron dos expediciones españolas, encabezadas° por Juan Vázquez de Coronado, en busca de Cíbola. Llegados por fin a su destino, en territorio que hoy en día es parte del estado norteamericano de Nuevo México, Vásquez de Coronado y sus soldados conquistaron° siete ciudades, pero no las que buscaban: resultaron ser nada más siete pueblos° pobres. Si no eran más que pueblos pobres, ¿cómo surgió el mito de la riqueza? La explicación se encuentra en las esperanzas de los indígenas: hoy en día, dicen que los indígenas, muy conscientes de la ambición de los españoles, propagaron el mito de Cíbola para despistarlos°. Los españoles, cegados° por sus sueños de oro, se lo creyeron. ∎

depempeñaron un papel *played a role*	**indígenas** *natives*
fuente *fountain, spring*	**encabezadas** *led*
dio origen *gave rise*	**conquistaron** *conquered*
riqueza *wealth*	**pueblos pobres** *poor villages*
reforzaron *strengthened*	**despistarlos** *to throw them off*
surgieron *there arose*	**cegados** *blinded*
arena *sand*	

_____ 16. Según el artículo, una leyenda fue una de las razones de _____.
  a. la derrota de los imperios azteca e incaico
  b. la primera exploración española del terrritorio estadounidense

_____ 17. En la expedición que organizó en 1513, Juan Ponce de León esperaba _____.
  a. encontrar la fuente de la juventud
  b. encontrar las siete ciudades de Cíbola

_____ 18. Según _____, existía una fuente cuyas aguas daban la juventud eterna.
  a. los indígenas de la Florida
  b. los europeos de la época medieval

¡Ven conmigo! Level 3, Chapter 5

_____ 19. Algunos mitos de los españoles del siglo XV tenían su origen en las esperanzas que tenían de _____.
   a. encontrar más riquezas
   b. acordar la paz con los indígenas

_____ 20. La fabulosa riqueza de los imperios azteca e incaico _____.
   a. inspiró más mitos sobre lugares muy ricos
   b. se llamaba El Dorado

_____ 21. Según el mito, en El Dorado _____.
   a. había calles pavimentadas de puro oro
   b. el oro era tan ordinario como la arena

_____ 22 Los españoles realizaron *(made)* varias expediciones al norte de México para buscar _____.
   a. el mítico El Dorado
   b. el mítico Nuevo México

_____ 23 Decían los indígenas de México que la región de Cíbola _____.
   a. tenía unas ciudades muy ricas
   b. era el sueño de su vida

_____ 24 Cuando encontró los siete pueblos en Nuevo México, el ejército de Vázquez de Coronado _____.
   a. los venció
   b. acordó la paz con ellos

_____ 25 Los indígenas les contaban la leyenda de Cíbola a los españoles porque _____.
   a. sabían que los pueblos del norte eran muy ricos
   b. sabían que su ambición era encontrar más riquezas

SCORE [____]

D. Indicate whether each statement is **a) cierto** or **b) falso.** (10 points)

_____ 26. Los indígenas de la Florida buscaron la fuente de la juventud.

_____ 27. La gran ambición de Vázquez de Coronado fue traicionar a sus soldados.

_____ 28. Supuestamente, El Dorado era una de las siete ciudades de Cíbola.

_____ 29. Se creía que Cíbola era una región al norte de México, en lo que es hoy en día territorio norteamericano.

_____ 30. Las leyendas fueron importantes en la exploración de las Américas.

SCORE [____]

CAPÍTULO 5

 Chapter 5 Test

III. Culture

Maximum Score: 10 points

E. Select item **a** or **b** to correctly complete each of the following statements. (10 points)

_____ 31. Se dice que Quetzalcóatl era el dios de _____.
    a. la civilización y del aprender
    b. las artes y la música

_____ 32. La "Leyenda negra" es _____.
    a. el mito que explica el día y la noche
    b. una historia sobre la explotación de los indios por los españoles

_____ 33. Los aztecas usaban una escritura _____.
    a. alfabética
    b. pictográfica

_____ 34. La lengua de los aztecas fue el _____.
    a. náhuatl
    b. catalán

_____ 35. _____ escribió una crítica de la conquista española por su explotación de los indígenas.
    a. José Clemente Orozco
    b. Bartolomé de las Casas

SCORE [   ]

Chapter 5 Test

IV. Writing

Maximum Score: 30 points

F. Look at the following drawings. What are the hopes and wishes of the people in the drawings? Write sentences to indicate what these people would say to express their hopes and wishes. (15 points)

36. _____

_____

_____

37. _____

_____

_____

38. _____

_____

_____

39. _____

_____

_____

40. _____

_____

_____

SCORE [   ]

CAPÍTULO 5

Chapter 5 Test

G. In Roman mythology, Proserpina, the daughter of the goddess Ceres, was abducted and taken to the underworld. Jupiter arranged a compromise that allowed Proserpina to return to the surface for part of each year. While her daughter was in the underworld, Ceres, who controlled agriculture, was grief-stricken. As a result, the world became hot, dry, and barren. Look at the drawings below and retell the story. Begin each sentence with an expression that indicates that you are repeating a story that others told you. You may want to use the following words: **recoger** *(to pick)*, **agujero** *(hole)*, and **caerse** *(to fall)* .(15 points)

Proserpina   Ceres

Júpiter

41. _____

   _____

42. _____

   _____

43. _____

   _____

44. _____

   _____

45. _____

   _____

SCORE [____]

TOTAL SCORE [____] /100

HRW material copyrighted under notice appearing earlier in this work.

CAPÍTULO 5 Chapter Test Score Sheet

Circle the letter that matches the most appropriate response.

I. Listening

Maximum Score: 30 points

A. (10 points)

1. a b c
2. a b c
3. a b c
4. a b c
5. a b c

SCORE [   ]

B. (20 points)

6. a b
7. a b
8. a b
9. a b
10. a b

11. a b
12. a b
13. a b
14. a b
15. a b

SCORE [   ]

II. Reading

Maximum Score: 30 points

C. (20 points)

16. a b
17. a b
18. a b
19. a b
20. a b

21. a b
22. a b
23. a b
24. a b
25. a b

SCORE [   ]

D. (10 points)

26. a b
27. a b
28. a b
29. a b
30. a b

SCORE [   ]

III. Culture

Maximum Score: 10 points

E. (10 points)

31. a b
32. a b
33. a b
34. a b
35. a b

SCORE [   ]

IV. Writing

Maximum Score: 30 points

F. (15 points)

36. _____

_____

37. _____

_____

38. _____

_____

39. _____

_____

40. _____

_____

SCORE [   ]

G. (15 points)

41. _____

_____

42. _____

_____

43. _____

_____

44. _____

_____

45. _____

_____

SCORE [   ]

TOTAL SCORE [   ] /100

CAPÍTULO 5

CAPÍTULO 5

RESOURCES

Scripts and Answers

Scripts for Additional Listening Activities

Additional Listening Activity 5-1 p. 10

ALICIA   Las leyendas son para gente que no sabe nada, ¿no crees Enrique?
ENRIQUE   ¡Claro que no, Alicia! Las leyendas son muy importantes para conocer nuestro pasado.
ALICIA   Para eso están los libros de historia, ¿no?
ENRIQUE   ¡Qué tontería! Los libros de historia tienen que recurrir a las leyendas para explicar lo que pasó.
ALICIA   ¡Qué va! Los libros de historia son científicos y las leyendas no hacen más que mentir a la gente que no quiere estudiar científicamente la historia.
ENRIQUE   ¡Nada de eso! La historia es sólo otra manera de contar lo que pasó. No hay una sola historia, sino muchas.
ALICIA   Ay, Enrique. Tú y yo nunca vamos a estar de acuerdo en nada. Mejor hablemos del tiempo. Parece que va a llover, ¿verdad?
ENRIQUE   Eso es muy difícil. Nunca llueve en julio aquí.
ALICIA   ¿Lo ves? Pero ahora que lo pienso, estoy segura que estamos de acuerdo en una cosa.
ENRIQUE   ¿Y qué es eso?
ALICIA   ¡En que nunca vamos a estar de acuerdo en nada!
ENRIQUE   Así es, Alicia, así es.

Additional Listening Activity 5-2 p. 10

1. MARIANA   La literatura me fascina. Nos enseña muchas cosas en la vida, ¿no crees Elisa?
   ELISA   Hasta cierto punto sí, Mariana. Pero nosotros también aprendemos mucho cuando conversamos con alguien o hacemos cosas. Hay que tener en cuenta que no es lo mismo leer acerca de un excelente helado de fresa que comerte uno.
2. MARIANA   Oye Elisa, la clase de matemáticas me encanta. He aprendido mucho. ¿Qué opinas tú?
   ELISA   Así es, Mariana. Estoy completamente de acuerdo que la profesora Aguilar es excelente.
3. MARIANA   Saliendo de la escuela, quiero ir a la tienda de discos. Quiero comprar el último disco compacto de Maná. Son el mejor grupo de rock en español.
   ELISA   ¡Nada de eso! El mejor grupo de rock en español es La Guitarra de Bronce.
4. MARIANA   Elisa. ¿Tú crees en los OVNIS?
   ELISA   Es muy difícil de creer, pero es posible que existan. La galaxia es muy grande, ¿no?
5. MARIANA   Me encantan las tartas de chocolate, ¿y a ti, Elisa?
   ELISA   Por supuesto que sí. Vamos a comprar una.
6. MARIANA   Aquí dice que para el siglo veintiuno vamos a tener que construir ciudades debajo de la tierra o encima de los océanos. ¿Tú cómo lo ves?
   ELISA   Bueno, puede ser, pero también es posible pensar que eso no va a ser necesario. Depende de tu punto de vista.

Additional Listening Activity 5-3 p. 11

INDISCRETA   Buenas noches, amigos. Les habla Indiscreta Islas en su programa Los Chismes de las Estrellas. Se cree que la cantante de rock Mariana Mariana se va a casar con el jugador de fútbol español el Buitre Rivalta. De ser cierto el chisme, ésta va a ser la boda del año.
INDISCRETA   Se dice que la hermosa cantante argentina Morocha va a ser la primera actriz en la telenovela venezolana Esmeralda. ¡Buena suerte para Morocha!
INDISCRETA   El director de cine español Manolo Truebo dijo que en junio iniciará su nueva película sobre Hernán Cortés. ¡Felicidades!
INDISCRETA   La actriz mexicana Lucía Durán dijo que va a grabar su primer disco con música de mariachi en julio. ¡Ojalá le salga bien!
INDISCRETA   Cuentan que el cantante ecuatoriano Fabricio va a hacer una gira por España este año. ¡Buen viaje, Fabricio!
INDISCRETA   Alguien me dijo que el cantante nicaragüense Magdiel Castillo va a presentarse en Miami este mes. Nos vemos ahí, Magdiel.
INDISCRETA   Según los chismes, el compositor Anselmo Libreto y su esposa Lisette tienen dificultades matrimoniales y se cree que pronto van a divorciarse. Por hoy es todo. Buenas noches y hasta la próxima semana. Se despide, Indiscreta Islas.

Additional Listening Activity 5-4 p. 11

RICKI   Elena, qué película tan emocionante. ¿Me das un pedazo de pizza?

ELENA   No, pizza ya no hay. Oye, no me gustan las partes de guerra. Quiero que la guerra termine pronto.

RICKI   Yo creo que la guerra no va a terminar pronto. Apenas acaban de declararla. Escucha, ¿no tienes unas papas fritas, entonces? ¡Espero que tengas algo que comer!

ELENA   Ay, estoy muy nerviosa. Espero que los héroes derroten a los malvados. Y no, Ricki, no hay papas fritas tampoco. Se me acabaron.

RICKI   ¡Qué lástima! ¿Sabes?, el sueño de mi vida es vivir en un supermercado para no tener que pasar un solo día sin pizza. ¿Qué tal si busco en el refrigerador? ¿No se enoja tu papá? Ojalá que haya ...mmm... helado de chocolate. Eso es. Helado.

ELENA   Ojalá que la diosa Atenas los ayude a derrotar al enemigo.

RICKI   Ay, Elena. La diosa siempre ayuda a los buenos. Mira, cuando me invitaste a ver un video, tenía muchas esperanzas de divertirme, pero si no hay nada en la cocina...

ELENA   Sí, sí, Ricki. Quiero que los héroes celebren la boda pronto.

RICKI   Ay, Elena, yo también. Pero mira, la heroína y el héroe siempre terminan casándose. ¿Para qué esperamos? ¡Mejor apaga el televisor y vamos a la Hamburguesa Infinita porque si no, ¡me quedo muerto!

ELENA   ¿Qué pasa, Ricki? Espero que no me digas que tienes hambre otra vez!

Additional Listening Activity 5-5 p. 12

JORGE   Hola, mi nombre es Jorge Espinoza. Dicen que construir casas es muy bonito. Yo espero estudiar arquitectura y construir muchas casas.

JULIA   Hola, me llamo Julia Montero. Oí que la guerra es el peor enemigo de la humanidad. Yo tengo muchas esperanzas de ser una política a nivel internacional. Así podré ayudar a acordar la paz entre todos los países del mundo para que no haya más guerras.

PEDRO   Hola, me llamo Pedro Domínguez. Se dice que la danza es la diversión favorita de los dioses. El sueño de mi vida es ser un bailarín. Tengo muchas esperanzas de bailar con las compañías de ballet más famosas del mundo.

RAQUEL   Hola. Yo soy Raquel Hernández. Alguien me dijo que los guerreros del aire son importantísimos en la victoria. Por eso, el sueño de mi vida es ser piloto de aviones de guerra. Voy a ir a estudiar para piloto en el ejército. Espero poder volar los mejores aviones de guerra.

ÓSCAR   Hola, ¿qué tal? Soy Óscar Buenrrostro. Para mí, no hay nada más importante que el buen vivir. Quiero ser cocinero para la Casa Blanca, para el Presidente y su familia. Mi sueño es ayudar a la gente de la Casa Blanca a regocijarse en las ocasiones especiales, por ejemplo, cuando celebran una boda oficial o acuerdan la paz después de vencer a un ejército enemigo.

Additional Listening Activity 5-6 p. 12

TANYA   Imagina que alguna hada madrina puede hacer realidad todos tus deseos, Pablo. ¿Qué le pedirías?

PABLO   Y..., no sé, Tanya. El sueño de mi vida es ser cantante de ópera. Pero yo sé que puedo llegar a serlo si trabajo duro.

TANYA   Entonces, ¿qué otro deseo tienes?

PABLO   Bueno, cuando era niño, una de mis grandes ambiciones era ser futbolista. ¡Quería llegar a ser un futbolista tan famoso como el Buitre Rivalta! Pero ahora ya no me gusta el fútbol.

TANYA   Está bien. ¿Qué te gusta ahora? ¿Qué es lo que deseas?

PABLO   Tengo muchas esperanzas de ser actor. Sí. Me encantaría salir en una película como un guerrero muy valiente y poder celebrar la victoria y todo eso.

TANYA   Entonces, ¿tú le pedirías a esa hada madrina que te hiciera un actor famoso?

PABLO   Sí, creo que sí.

TANYA   No pierdas la esperanza. Ya tienes mi voto.

PABLO   ¿Sí? ¿Por qué?

TANYA   Por ese cuento que le hiciste a la señora Güemes cuando te pidió la tarea ayer antes de salir para el viaje. ¡Vaya actor! Te ganaste un Oscar®!

Answers to Additional Listening Activities

Additional Listening Activity 5-1 p. 10

1. Alicia   2. Enrique   3. Alicia   4. Enrique

Additional Listening Activity 5-2 p. 10

	Total agreement	Qualified agreement	Total Disagreement
1.		✔	
2.	✔		
3.			✔
4.		✔	
5.	✔		✔
6.		✔	

Additional Listening Activity 5-3 p. 11

	Fact	Speculation
1.		✔
2.		✔
3.	✔	
4.	✔	
5.		✔
6.		✔
7.		✔

Additional Listening Activity 5-4 p. 11

1. Elena   5. Ricki
2. Ricki   6. Ricki
3. Elena   7. Elena
4. Ricki

Additional Listening Activity 5-5 p. 12

Answers may vary. Possible answers:
1. Jorge: Espera estudiar arquitectura y construir muchas casas.
2. Julia: Tiene muchas esperanzas de ser una política a nivel internacional.
3. Pedro: El sueño de su vida es ser bailarín.
4. Raquel: El sueño de su vida es ser piloto de aviones de guerra.
5. Oscar: Su sueño es ayudar a la gente de la Casa Blanca en ocasiones especiales.

Additional Listening Activity 5-6 p. 12

Answers may vary. Possible answers:
1. ser cantante de ópera
2. ser un futbolista famoso algún día
3. ser actor

Listening Scripts for Quizzes

Quiz 5-1 Capítulo 5 Primer paso

I. Listening

A. 1. JAVIER Alguien me dijo que Guadalajara es una ciudad muy importante en México.
        MARTA Eso es. Es la capital del estado de Jalisco.
    2. JAVIER Oí que vamos a ver a los charros, pero la verdad es que no sé qué son.
        MARTA Según me dice el profesor son unos vaqueros que montan a caballo y llevan ese sombreo grande. Debe ser interesante la ~~~~~~
    3. JAVIER Claro que sí. Y pod~~~~~~ 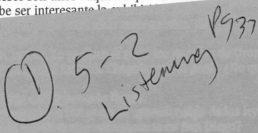 arabe tapatío en la Plaza ~~~~~~
        MARTA ¡Qué va! ¡Nada de e~~~~~~
    4. JAVIER Cómo quieras. Pero ~~~~~~ res comer pescado blanco ~~~~~~
        MARTA Por supuesto. Me er~~~~~~
    5. MARTA Pero por ahora, ¿qu~~~~~~ das de Jalisco? ¿Te acuerda~~~~~~
        JAVIER Sí. ¿Tú crees que lo ~~~~~~
        MARTA Eso es difícil de creer. ~~~~~~ ntiguo.
        JAVIER Entonces debe estar en ~~~~~~
        MARTA En efecto. Mejor vamos a ~~~~~~

Quiz 5-2 Capítulo 5 Segundo paso

I. Listening

A. LINDA ¡Uf! Guerra y más guerra. Me fastidia cuando hay tantas escenas de guerra. Espero que termine pronto esta parte.
    SERGIO ¿Pero por qué dices eso? Son los mejores efectos especiales de la película.
    LINDA Pues para mí la parte interesante es la historia. Lo que sí espero es que al final de la guerra quede muerto ese monstruo marciano. ¡Es un malvado!
    SERGIO ¡Qué va! Espero que no. Es que no has entendido nada. En realidad es muy simpático.
    LINDA Estás loco. Es evidente que es uno de los enemigos. ¿No me vas a decir que quieres que el ejército marciano venza a los soldados de la Federación?
    SERGIO Prefiero que los dos ejércitos acuerden la paz. Sería más justo y así pueden hacer otra película: *¡La traición de los marcianos!*
    LINDA Y así el héroe se puede casar con la heroína.
    PAPÁ Tienes razón, Isabel. Y yo espero que el héroe y la heroína celebren su boda pronto.
    LINDA ¿Por qué, papá?
    PAPÁ Porque tenía muchas esperanzas de ver el partido de béisbol que comienza en veinte minutos.

ANSWERS Quiz 5-1

I. Listening

A. (10 points: 2 points per item)
1. b
2. a
3. b
4. b
5. c

II. Reading

B. (10 points: 2 points per item)
6. a
7. b
8. a
9. a
10. b

III. Writing

C. (20 points: 4 points per item)
Answers will vary. Possible answers:
11. Cuentan que las leyendas aztecas y mayas son muy interesantes.
12. Se cree que las figuras de Nazca son parte de un calendario grande.
13. Oí que hay muchos murales hermosos en Jalisco.
14. Se dice que Bartolomé de las Casas vino a las Américas en 1502.
15. Supuestamente los aztecas vinieron de Aztlán.

IV. Culture

D. (10 points: 5 points per item)
Answers will vary. Possible answers:
16. The **Leyenda negra** refers to the sometimes exaggerated stories of the greed and tyranny of the Spanish conquerors during the Spanish colonial period in the Americas. These stories were first told by Bartolomé de las Casas.
17. The Aztecs used a pictograph writing system that compounded drawings to represent ideas. For example, the symbol for snake *(coatl)* and the symbol for hill *(tepetl)* represented the word Coatepec, the name of an Aztec town.

ANSWERS Quiz 5-2

I. Listening

A. (10 points: 2 points per item)
1. Linda
2. Linda
3. Sergio
4. Sergio
5. Papá

II. Reading

B. (10 points: 2 points per item)
6. b
7. b
8. a
9. c
10. a

III. Writing

C. (20 points: 4 points per item)
Answers will vary. Possible answers:
11. Espero jugar bien en este partido hoy.
12. Ojalá que no llueva.
13. Espero que sea un día muy lindo para jugar.
14. Tengo muchas esperanzas de ganar el partido.
15. El sueño de mi vida es ser un gran jugador de béisbol.

IV. Culture

D. (10 points: 2 points per item)
16. b
17. a
18. a
19. b
20. a

Scripts *for* Chapter Test Capítulo 5

I. Listening

A.
1. FERNANDA — Oye, Micaela, ¿conoces las figuras de Nazca? Dicen que las construyeron unos extraterrestres, tal vez de un planeta en otra galaxia.

MICAELA — ¡Qué va! Eso me parece muy difícil de creer. ¿Quién te dijo eso?

2. FERNANDA — Eso es lo que se cree. Supuestamente había naves espaciales que aterrizaban allí.

MICAELA — ¡Qué tontería!

3. FERNANDA — Se cree eso porque sólo se pueden ver desde el aire. Y cuentan que las construyeron hace miles de años.

MICAELA — Hasta cierto punto es lógico. Es evidente que no pueden ser de origen moderno.

4. MICAELA — Según mi amiga Tulia, que es estudiante de antropología, las figuras formaban parte del calendario antiguo.

FERNANDA — ¿Tú crees? Bueno, puede ser, pero no estoy segura.

5. MICAELA — También creo que las construyeron para los dioses y diosas. Así los adoraban.

FERNANDA — Eso me parece más probable.

B. Me llamo Álvaro Salinas y soy soldado. Estoy volviendo a mi casa ahora—me toca un mes de descanso. Mi país está en guerra y mi regimiento ha pasado más de dos meses en batallas. Hemos vencido en casi todas, pero el precio de las victorias fue alto— muchos compañeros quedaron muertos. No nos hemos podido regocijar de la derrota del enemigo por la muerte de tantos amigos valientes. Ojalá que los dos países acuerden la paz. Mis padres quieren que yo deje el ejército y regrese a la universidad. Mi gran ambición es ser profesor de historia. Creo que es mejor estudiar las guerras que hacerlas. ¿No les parece?

Answers to Chapter Test

I. Listening Maximum Score: 30 points

A. (10 points: 2 points per item)
1. c
2. c
3. a
4. b
5. a

B. (20 points: 2 points per item)
6. b
7. a
8. a
9. b
10. b

11. a
12. b
13. b
14. a
15. a

II. Reading Maximum Score: 30 points

C. (20 points: 2 points per item)
16. b
17. a
18. b
19. a
20. a
21. b
22. a
23. a
24. a
25. b

D. (10 points: 2 points per item)
26. b
27. b
28. b
29. a
30. a

III. Culture Maximum Score: 10 points

E. (10 points: 2 points per item)
31. a
32. b
33. b
34. a
35. b

IV. Writing Maximum Score: 30 points

F. (15 points: 3 points per item)
Answers will vary. Possible answers:
36. ¡Ojalá que alguien me vea!
37. ¡Espero que no me mate!
38. El sueño de mi vida era ganar esto.
39. Esperamos estar siempre muy contentos.
40. Espero divertirme mucho en mi viaje.

G. (15 points: 3 points per item)
Answers will vary. Possible answers:
41. Supuestamente, Proserpina estaba sola un día en el campo.
42. Se dice que la tierra se abrió y que Proserpina se cayó.
43. Dicen que hacía mucho calor y que todas las plantas morían porque Ceres estaba muy triste.
44. Cuentan que Ceres se puso muy contenta cuando volvió su hija.
45. Se dice que Ceres se puso muy triste y que las plantas murieron otra vez cuando Proserpina tuvo que irse.

CAPÍTULO

5 Nuestras leyendas

DE ANTEMANO

1 Según lo que leíste en el libro de texto sobre la leyenda del virrey y el azteca, indica la respuesta que mejor complete cada oración.

___c___ 1. El virrey en la leyenda es de origen _____.
   a. mexicano   **b.** guatemalteco   **c.** español   **d.** cubano

___a___ 2. El indio es de la tribu de los _____.
   a. aztecas   **b.** mayas   **c.** incas   **d.** guaraníes

___c___ 3. El indio encontró en el camino _____.
   a. un collar de mucho valor   **c.** un bolso con monedas de oro
   b. un cinturón de una tribu vecina   **d.** una estatua de plata

___b___ 4. El indio decidió _____.
   a. dárselo al virrey
   b. devolver lo que encontró
   c. hacer un viaje usando el dinero
   d. establecer una escuela

___a___ 5. El señor español *no* dijo que _____.
   a. quería compartir el dinero con el indio
   b. el dinero era suyo (del español)
   c. el indio le robó dos monedas de oro
   d. los guardias llevarían *(would take)* al indio a la cárcel

2 You're already familiar with the story of **el virrey y el azteca**. Use the drawing to refresh your memory about the outcome of the story, then retell the story in your own words.

Answers will vary.

_____
_____
_____
_____
_____
_____
_____
_____

3 Lee las siguientes oraciones. Usa las expresiones para indicar si estás totalmente de acuerdo, parcialmente de acuerdo o si no estás de acuerdo para nada con lo que dice cada oración.

> **Al contrario.**   **¡Qué va!**   **¡Nada de eso!**   **¡Qué tontería!**
>
> **Estoy de acuerdo.**   **Hasta cierto punto...**   **Claro que sí.**

1. Es necesario ir a la universidad para conseguir trabajo.
   Answers will vary.

2. Es mejor ver la televisión que leer.

3. Debes defender tu punto de vista en todas las situaciones.

4. Es mejor que los padres no les den una hora límite *(curfew)* a sus hijos.

5. Las mujeres deben participar en las guerras.

4 Elena and her mother are having a discussion about the way things are going around the house. Sometimes Elena agrees with what her mother says, and sometimes she doesn't. Fill in the blanks in their conversation.

MADRE Elena, ¡nunca te levantas a tiempo!

ELENA **Answers will vary.**

MADRE Y es tu responsabilidad sacar la basura pero nunca lo haces.

ELENA

MADRE No olvidemos los platos sucios. Tu hermanito me ayuda mucho más que tú.

ELENA

MADRE Y no estudias lo suficiente. Siempre te veo enfrente de la tele, viendo algún programa...

ELENA

5 Match the proverb on the right with the situation it best summarizes on the left.

___b___ 1. La madre de Elena no la puede cambiar para nada.

___c___ 2. Luis pierde su trabajo. Al día siguiente, otra compañía llama y le ofrece un puesto excelente.

___d___ 3. Marta es muy trabajadora. Hace muchas cosas en un día.

___a___ 4. Unos niños reciben unos libros pero nunca los leen.

a. Al rey se le pone la mesa, si quiere, come y si no, lo deja.

b. Lo que no se puede remediar, hay que aguantar.

c. Cuando una puerta se cierra, dos mil se abren.

d. Quien temprano se levanta, tiene una hora más de vida, y en su trabajo adelanta.

6 Hay doce palabras o expresiones del **Primer paso** dentro de este buscapalabras. ¿Puedes encontrarlas?

```
R  T  Z  A  L  C  O  N  T  R  A  R  I  O
I  U  A  S  D  U  W  RR O  M  Ñ  I  C  O
S  C  M  I  Y  E  G  LL N  U  C  P  G  T
E  R  E  E  B  N  I  A  C  LL A  É  I  Z
O  E  C  S  F  T  D  J  E  B  U  N  A  N
S  E  A  H  LL A  W  Ñ  H  L  Q  E  RR O
E  S  X  I  D  N  H  O  E  M  D  F  S  E
U  N  O  E  V  Q  I  D  P  Z  K  E  J  G
Q  O  E  G  RR U  S  E  G  U  N  C  R  U
I  S  V  X  U  E  N  O  I  P  I  T  X  Ñ
O  E  I  LL D  V  E  B  J  V  N  O  D  A
Ñ  Y  H  C  L  A  R  O  Q  U  E  S  I  M
```

7 Indica si harías (would do) las siguientes actividades con algunas reservaciones o si no las harías de ninguna manera. Usa expresiones de la página 117 de tu libro de texto. **Answers will vary.**

1.  _____

2.  _____

3.  _____

4.  _____

5.  _____

¡Ven conmigo! Level 3, Chapter 5

HRW material copyrighted under notice appearing earlier in this work.

Practice and Activity Book p. 51
Chapter Teaching Resources, Book 2 **43**

8 Rewrite the following sentences using the impersonal pronoun se.

1. Todo el mundo piensa que no hay buenos programas de televisión hoy en día.
   Se piensa que no hay buenos programas de televisión hoy en día.

2. Dicen que los aztecas eran una tribu muy desarrollada.
   Se dice que los aztecas eran una tribu muy desarrollada.

3. La gente cree que es malo comer mucha carne roja.
   Se cree que es malo comer mucha carne roja.

4. Según muchos estudios, hay un gran aumento en los casos de cáncer en este país.
   Se dice que hay un gran aumento en los casos de cáncer en este país.

9 One way legends and myths survive is that they are passed down orally from generation to generation. Rephrase the sentences below, using expressions that report what others say and think, to retell the following fairy tale.

1. La princesa Elena y el príncipe Juan Andrés se enamoraron locamente.
   Answers will vary. Possible answers: Cuentan que la princesa Elena y el príncipe
   Juan Andrés se enamoraron locamente.

2. El padre de Elena se puso furioso y no les dio permiso para casarse.
   Supuestamente, el padre de Elena se puso furioso y no les dio permiso para casarse.

3. Antes de casarse con Elena, Juan Andrés tuvo que apoyar al emperador en una guerra.
   Se dice que antes de casarse con Elena, Juan Andrés tuvo que apoyar al emperador
   en una guerra.

4. Juan Andrés volvió a Castilla y se reunió con Elena.
   Según la leyenda, Juan Andrés volvió a Castilla y se reunió con Elena.

5. Los dos se escaparon de Castilla y la princesa murió varios años después.
   Se dice que los dos se escaparon de Castilla la princesa murió varios años después.

6. Dos árboles en un jardín representan al príncipe y a la princesa, juntos para siempre.
   Alguien me dijo que dos árboles en un jardín representan al príncipe y a la princesa,
   juntos para siempre.

10 Efraín and Karin are talking about what people say about the teachers in their high school.
They don't always agree. Look at the drawings below and write logical sentences to fill in
the gaps in their conversation.

Sr. Echegaray

Srta. López

Sra. Lemley

Sr. Troutner

Answers will vary. Possible answers:

EFRAIN Se dice que el Sr. Echegaray es muy buena gente. ¿Qué piensas tú?

KARIN **Al contrario. No le gusta a nadie tomar sus clases.**

EFRAIN Dicen que la Srta. López es muy severa con sus estudiantes.

KARIN ¡Qué va! ¡La Srta. López es una de las profesoras más simpáticas de toda la escuela!

EFRAIN **Cuentan que la profesora Lemley no es muy simpática.**

KARIN Estoy de acuerdo. A nadie le gusta la Sra. Lemley.

EFRAIN **Alguien me dijo que el profesor Troutner es super aburrido.**

KARIN Depende de tu punto de vista. Algunas personas piensan que el Sr. Troutner es muy
aburrido pero yo creo que presenta mucha información interesante.

11 Look at the picture below that shows a typical day at school. Using vocabulary expressions that report
what people say and think, create a composite gossip column about the people in the picture.

MODELO Alguien dijo que el señor Peña se rompió la pierna.

Tomás   Eugenia   Mariluz y Tere   Sr. Peña   Julio y Nando

Answers will vary.

HRW material copyrighted under notice appearing earlier in this work.

12 ¿Quién diría las siguientes cosas, **Popocatépetl**, **Ixtaccíhuátl** o **el emperador**?

1. He conocido a muchos príncipes, pero no quiero casarme todavía.

   Ixtaccíhuatl

2. Si me apoyas en la guerra, puedes casarte con mi hija.

   el emperador

3. Quiero casarme con una princesa azteca.

   Popocatépetl

4. Debes casarte con un príncipe azteca.

   el emperador

5. Sé que no es azteca, pero quiero casarme con él.

   Ixtaccíhuatl

13 Lee **Los novios** y escribe la letra de la palabra o frase que mejor complete cada oración.

c 1. El emperador espera que su hija _____.
   a. se case con Popocatépetl
   b. lo acompañe en una batalla
   c. se case con un príncipe azteca
   d. no se case nunca

b 2. Cuando Popocatépetl e Ixtaccíhuatl se ven por primera vez, Popocatépetl _____.
   a. decide no volver a Tenochtitlán
   b. le escribe una carta al emperador
   c. decide matar al emperador
   d. decide abandonar a los chichimecas

d 3. El emperador le dijo a su hija que _____.
   a. Popocatépetl se casó con otra chica
   b. Popocatépetl lo abandonó durante la batalla
   c. Popocatépetl iba a volver pronto
   d. Popocatépetl murió durante la batalla

d 4. Cuando Ixtaccíhuatl murió, _____.
   a. comenzó una gran batalla entre los aztecas y los chichimecas.
   b. el emperador se puso furioso
   c. Popocatépetl decidió matar al emperador
   d. aparecieron dos volcanes

■ SEGUNDO PASO

14 Escribe la letra de la palabra de la derecha que signifique lo contrario de la palabra de la izquierda.

<u>b</u> 1. la victoria

<u>g</u> 2. traicionar

<u>f</u> 3. una diosa

<u>a</u> 4. regocijarse

<u>h</u> 5. el héroe

<u>d</u> 6. la paz

<u>e</u> 7. llorar

<u>c</u> 8. acordar la paz

a. lamentar
b. la derrota
c. declarar la guerra
d. la guerra
e. reírse
f. un mortal
g. ser leal *(loyal)*
h. el malvado

15 These students are writing essays to try to win college scholarships in a statewide contest. Their essays are about their hopes for the future. Complete what each student says with the appropriate form of the verb in parentheses.

1. Sheri: Ojalá que nosotros _____**podamos**_____ (poder) eliminar el hambre y la pobreza dentro de 15 años.

2. José: El sueño de mi vida es _____**vivir**_____ (vivir) en un mundo sin guerras.

3. Betsy: Tengo la esperanza de _____**ser**_____ (ser) la primera presidenta de los Estados Unidos.

4. Hui Chun: Espero que mis niños _____**vivan**_____ (vivir) en un mundo que tenga mucho aire y agua limpios.

5. Ricardo: Quiero ser hombre de negocios. Una de mis grandes ambiciones es _____**construir**_____ (construir) fábricas que no contaminen el aire.

6. Flor: Ojalá que todo el mundo _____**tenga**_____ (tener) una casa en que vivir.

16 Marcia y sus amigos están comentando un reportaje *(report)* en la televisión sobre una guerra. Usa las palabras abajo para indicar lo que esperan Marcia y sus amigos.

1. Marcia: ojalá / los dos países / acordar la paz pronto

Ojalá que los dos países acuerden la paz pronto.

2. Alicia y Tomás: Alicia y yo esperar / no morir / mucha gente

Alicia y yo esperamos que no muera mucha gente.

3. María Cristina: el sueño de mi vida / ser / vivir en un mundo sin guerras

El sueño de mi vida es vivir en un mundo sin guerras.

_____

4. José y Florencia: una de nuestras grandes ambiciones / ser / trabajar para las Naciones Unidas para eliminar las guerras

Una de nuestras grandes ambiciones es trabajar para las Naciones Unidas para

eliminar las guerras.

_____

17 Read the following interview between a career counselor and a high school student and fill in the gaps in their conversation.   **Answers will vary. Possible answers:**

CONSEJERA   ¿Esperas ser rico algún día?

MARIO   **Espero tener bastante dinero para las cosas que necesito.**

CONSEJERA   ¿Cómo esperas que sea tu vida en 10 años?

MARIO   **Ojalá que tenga un buen trabajo y una casa o apartamento bonito cerca de**

mi trabajo.

CONSEJERA   ¿ **Cuáles son tus ambiciones** ?

MARIO   Una de mis grandes ambiciones es tener un trabajo en que pueda ayudar a mucha gente.

CONSEJERO   ¿ **Cuál es el sueño de tu vida** ?

MARIO   El sueño de mi vida es poder viajar a un país distinto cada año.

18 What do your parents always want you to do? Write five sentences using the five different verbs provided and adding more information as appropriate.

1. hacer la cama **Answers will vary.**

_____

2. lavar _____

_____

3. decir _____

_____

4. limpiar _____

_____

5. ir a _____

_____

19 Imagine you're the new president of a Spanish-speaking country. You're speaking to your advisors about what you hope you and they can do during your term. Use the clues below to indicate what you will tell your advisors.

MODELO   ustedes/poder reducir la inflación
Espero que ustedes puedan reducir la inflación.

1. nosotros/construir muchas clínicas en ciudades pequeñas

Answers will vary. Possible answers:

Espero que construyamos muchas clínicas en ciudades pequeñas.

2. ustedes/encontrar una cura para el cáncer

Ojalá que ustedes encuentren una cura para el cáncer.

3. tú/mejorar las escuelas

Espero que tú mejores las escuelas.

4. la Secretaria de Turismo/hacer un plan para construir más parques

Quiero que la Secretaría de Turismo haga un plan para construir más parques.

5. usted/viajar a otros países para mejorar nuestras relaciones con ellos

Espero que usted viaje a otros países para mejorar nuestras relaciones con ellos.

20 Create sentences using items from the following columns. With **ojalá que** don't use anything from Column A.

MODELO   Yo pienso que mi hermana sale con ese muchacho.

COLUMN A	COLUMN B	COLUMN C	COLUMN D
mis padres	creer que	mi hermana	(no) hacer más/mucho ejercicio
mi mejor amigo	esperar que	yo	(no) estudiar más/mucho
yo	querer que	los pacientes	(no) ir a un país extranjero
el profesor	pensar que	los estudiantes	(no) escribir un libro interesante
la médica	Ojalá que	la familia	(no) comer comida con mucha grasa
		sus primos	(no) salir con ese (esa) muchacho(a)

1. **Answers will vary.**

2.

3.

4.

5.

6.

21 Escribe un párrafo de 7-8 oraciones en que describas el sueño de tu vida (con respecto a la amistad, el matrimonio, el trabajo, los viajes, etc.).

Answers will vary.

_____

_____

_____

_____

_____

_____

_____

_____

_____

22 Make yourself the hero or heroine of your own legend. Tell of your humble beginnings, the events that made you famous and how you are dealing with being a hero or heroine. Write at least ten sentences.

Answers will vary.

_____

_____

_____

_____

_____

_____

_____

_____

_____

_____

_____

_____

_____

■ VAMOS A LEER

Vas a leer algo sobre la leyenda de El Dorado, una ciudad legendaria que les fascinaba a los españoles. Después de leer el párrafo, contesta las preguntas que lo siguen.

La leyenda de El Dorado

En tiempos de la conquista, circuló entre los españoles la noticia de la existencia en las selvas sudamericanas de una ciudad llena de oro: El Dorado. Al parecer, la mujer del rey de esa ciudad se había ahogado en el río, y desde entonces, una vez por mes, el rey se sumergía en las aguas cubierto de oro en polvo. El religioso fray Alonso de Zamora agrega que "también es tradición muy antigua que los habitantes de El Dorado arrojaron en la laguna todo el oro y esmeraldas, luego de que tuvieron noticias de que no buscaban otra cosa los españoles". Tras El Dorado partieron por entonces numerosas expediciones, pero ninguna tuvo éxito. Gonzalo Pizarro salió con más de 4.000 hombres a la caza del oro, pero regresó con menos de la mitad de su ejército y ni un gramo del metal. Orellana, que participaba de la búsqueda, decidió seguir, pero en lugar de El Dorado descubrió el río Amazonas.

"La leyenda de el dorado" from *Billiken*, no. 3796, October 12, 1992. Copyright © 1992 by **Editorial Atlántida, S. A.** Reprinted by permission of the publisher.

23 Indica qué oraciones en la Columna B corresponden a las cosas o personas en la Columna A. Hay una frase en la Columna B que no corresponde a nada en la Columna A.

__c__ 1. Fray Alonso de Zamora	a. Trató de encontrar El Dorado con unos 4.000 hombres.
__a__ 2. Gonzalo Pizarro	b. Descubrió el río Amazonas.
__b__ 3. Orellana	c. Escribió sobre lo que hicieron los habitantes de El Dorado con su oro y sus esmeraldas.
__g__ 4. los habitantes de El Dorado	d. Descubrió El Dorado.
__e__ 5. El rey de El Dorado	e. Se bañaba en el río.
__f__ 6. La esposa del rey	f. Murió en el río.
	g. Pusieron su oro y sus esmeraldas en el río.

24 Reread the text from the point of view of the following people: **El rey de El Dorado, la gente de El Dorado, Pizarro y Orellana**. Then answer the questions below.

1. En tu opinión, ¿por qué bajaba al agua cubierto de oro el rey de El Dorado?

   Answers will vary. Possible answers: El rey bajaba al agua cubierto de oro porque estaba triste por la muerte de su esposa.

2. ¿Por qué no guardaron su oro y sus esmeraldas los habitantes de El Dorado?

   Los habitantes de El Dorado pusieron su oro y sus esmeraldas en el río porque los españoles venían a quitárselos.

3. ¿Por qué esperaban Pizarro y Orellana encontrar El Dorado?

   Pizarro y Orellana esperaban encontrar El Dorado porque supuestamente la ciudad estaba llena de oro.

¡Ven conmigo! Level 3, Chapter 5

Practice and Activity Book p. 59

Chapter Teaching Resources, Book 2 **51**

HRW material copyrighted under notice appearing earlier in this work.

CULTURA

25 The native language of the Aztecs, *náhuatl*, was the source of many new words that came into the Spanish of the 16th century. These were most often the names of things for which the Spaniards had no word of their own. Match the following Spanish words with the *náhuatl* words from which they are derived.

_____g____ 1. chocolate

_____f____ 2. tomate

_____a____ 3. guajolote

_____h____ 4. elote

_____b____ 5. tamal

_____c____ 6. chile

_____d____ 7. cacahuete

a. wexolotl
b. tamalli
c. chilli
d. cacahuatl
e. ocelotl
f. tomatl
g. chocolatl
h. élotl

26 When the Spanish conquistador Hernán Cortés arrived in the Aztec capital city of Tenochtitlán in 1519, many Aztecs believed that he was Quetzalcóatl, whose return had been foretold by legend. Some say that this case of mistaken identity was instrumental in the fall of the city and of the Aztec empire. What myths or beliefs do we have nowadays that might affect the way we perceive what's going on around us? What is the origin of those beliefs?

Answers will vary.

_____

_____

_____

_____

_____

27 Between 1492 and 1550, the Spanish **conquistadores** took possession of vast areas of the Americas, as well as much of the Caribbean. Although the intentions of individual Spaniards varied greatly, the conquest was something from which most indigenous cultures never recovered. Likewise, many of the traditions and ways of Native American cultures were lost during the westward expansion of the United States. What do you know about the Native American peoples who live or lived in your area? What tribes can you name? What place names in your area show the influence of Native American cultures? What do you know about the legends of Native Americans in your area or elsewhere?

Answers will vary.

_____

_____

_____

_____

_____

■ VAMOS A LEER

3 A los detalles

1. Escasez de sitios adecuados, escasez de conciertos, escasez de festivales, escasez de acceso a los medios electrónicos.
2. Atonal, El Acordeón, El Gallito Inglés, La Pus Moderna, Banda Rockera, Conecte, Rock América, Rock Press, Avant Garage.
3. Café Tacuba, Los Caifanes, Santa Sabina, Maldita Vecindad y los Hijos del Quinto Patio.
4. De El Personal.
5. Sí.

4 Vamos a comprenderlo bien

1. Trata del rock mexicano.
2. *Answers will vary,* but students must mention one or more of the following cities: Los Angeles, San Francisco, Chicago, Mexico City, Guadalajara, Monterrey, or border cities in northern Mexico.
3. *Answers will vary.*
4. *Answers will vary.*
5. *Answers will vary.*

5 Barrio ortográfico: signos de interrogación y de admiración

1. ¿y/regresar?
2. ¿Otra/tú?
3. ¡Viva México!
4. ¿Te/cenar?
5. ¡Gracias/llegaste!
6. ¿por qué/buscarla?
7. ¡qué/emocionante!
8. ¡Qué susto!
9. ¿Estás contenta?
10. ¡Qué/hace!

6 Esquina gramatical: el imperfecto del subjuntivo

1. abriera
2. bajara
3. tuviera
4. fuera
5. trajera
6. saliera
7. acabara
8. llegara
9. tradujera
10. quedaran

■ VAMOS A ESCRIBIR

7   *Answers will vary.*

■ VAMOS A CONOCERNOS

8 A escuchar

Answers will vary.

9 A pensar

Answers will vary.

10 Así lo decimos nosotros

1. c
2. e
3. a
4. g
5. b
6. d
7. f
8. h
9. j
10. i

■ VAMOS A CONVERSAR

11   *Answers will vary.*

CAPÍTULO

El arte y la música

RESOURCES

El arte y la música

Chapter Teaching Resources Correlation Chart

RESOURCES	**Print**	**Audiovisual**

De antemano

Practice and Activity Book, p. 61 .... *Textbook Audiocassette 3B/Audio CD 6*
  —Answers: *Chapter Teaching Resources, Book 2*, p. 95

Primer paso

Chapter Teaching Resources, Book 2
* Communicative Activities 6-1, 6-2, pp. 57–58
* Teaching Transparency Master 6-1, pp. 61, 63 .... *Teaching Transparency 6-1*
* Additional Listening Activities 6-1, 6-2, 6-3, pp. 64–65 ...... *Additional Listening Activities, Audiocassette*
  —Scripts, p. 88; Answers, p. 90 *9B/Audio CD 6*
* Realia 6-1, pp. 68, 70
* Situation Cards 6-1, pp. 71–72
* Student Response Forms, pp. 73–74
* Quiz 6-1, pp. 75–76 .... *Assessment Items, Audiocassette 7B/Audio CD 6*
  —Scripts, p. 91; Answers, p. 92
Practice and Activity Book, pp. 62–65
  —Answers: *Chapter Teaching Resources, Book 2*, pp. 96–99
Native Speaker Activity Book, pp. 26–30
  —Answers: *Chapter Teaching Resources, Book 2*, pp. 107–108
Video Guide .... *Video Program, Videocassette 1*

¡Adelante!

Practice and Activity Book, p. 66 .... *Textbook Audiocassette 3B/Audio CD 6*
  —Answers: *Chapter Teaching Resources, Book 2*, p. 100

Segundo paso

Chapter Teaching Resources, Book 2
* Communicative Activities 6-3, 6-4, pp. 59–60
* Teaching Transparency Master 6-2, pp. 62, 63 .... *Teaching Transparency 6-2*
* Additional Listening Activities 6-4, 6-5, 6-6, pp. 65–66 ...... *Additional Listening Activities, Audiocassette*
  —Scripts, p. 89; Answers, p. 90 *9B/Audio CD 6*
* Realia 6-2, pp. 69, 70
* Situation Cards 6-2, 6-3, pp. 71–72
* Student Response Forms, pp. 73–74
* Quiz 6-2, pp. 77–78 .... *Assessment Items, Audiocassette 7B/Audio CD 6*
  —Scripts, p. 91; Answers, p. 92
Practice and Activity Book, pp. 67–70
  —Answers: *Chapter Teaching Resources, Book 2*, pp. 101–104
Native Speaker Activity Book, pp. 26–30
  —Answers: *Chapter Teaching Resources, Book 2*, pp. 107–108

ASSESSMENT		

Paso Quizzes
* *Chapter Teaching Resources, Book 2*
  Quizzes, pp. 75–78
  Scripts and answers, pp. 91–92
* Assessment Items, *Audiocassette 7B/Audio CD 6*

Portfolio Assessment
* *Assessment Guide*, pp. 2–13, 19

Chapter Test
* *Chapter Teaching Resources, Book 2*, pp. 79–84
  Test score sheets, pp. 85–86
  Test scripts and answers, pp. 93–94
* *Assessment Guide*, Speaking Test, p. 30
* Assessment Items, *Audiocassette 7B/Audio CD 6*

Test Generator, Chapter 6

Communicative Activities 6-1A and 6-2A ◈

6-1A Your Spanish Club has gone on a field trip to an exhibit of artists from all over the Spanish-speaking world. At the exhibit, you and your partner split up and each took notes on what you saw. Now the two of you want to consolidate your impressions so that you can write a report for class. Complete your chart by asking your partner for the missing information.

MODELO   — ¿Qué me cuentas de Guillermo Chávez Vega?
                     — Bueno, es muralista y es de México.
                     — ¿Qué opinas de su estilo?
                     — ¡Lo encuentro genial!
                     — ¿Cuál es su obra maestra?
                     — Admiro más "Reforma y Constitución."

Artista	Origen	Clasificación	Obra maestra	Opiniones
Édgar Negret				
Diego Rivera	México; es esposo de Frida Kahlo	Muralista, pintor	"Mural de Juárez"	magnífico, maravilloso
Frida Kahlo				
Alejandro Xul Solar	Argentina	Pintor	"Mundo"	impresionante, imaginativo
José Clemente Orozco				
Pablo Picasso	España	Pintor, cubista	"Guernica"	incomprensible

6-2A You're the entertainment critic for the local newspaper. Your partner is a friend of yours who books entertainment for the Civic Auditorium. Unfortunately, your friend may be out of a job unless attendance improves. The problem is that some of the entertainment is notoriously bad! As a friend and critic, you step in to help. Use the following notes you've made on some of this weeks's acts to tell your friend what changes need to be made in the lineup.

MODELO   — ¿Qué opinas de Felipe Sandoval y su Circo de Pulgas *(Fleas)* ?
                     — Para decir la verdad, es insignificante. No lo soporto.
                     — ¿De verdad? Entonces, ¿qué me sugieres hacer?
                     — Es mejor que lo despidas *(fire him)*.
                     — Muy bien.

Día	Intérprete *(performer)*	Opinión	Soluciones
lun	Don Miguel y el Mariachi Sonora	genial; muy entretenido	pagarles más a Don Miguel y a sus músicos; moverlos al sábado
mar	Gaby Guzmán y su Caballo Cantante	de muy mal gusto; aburrido; los dos cantan muy mal	terminar el contrato con Gaby; buscar a otro intérprete para el martes
miér	Isabel Mora y Juanillo Pedraza	bailan bien; necesitan ropa nueva	comprarles nuevos trajes
jue	Felipe Sandoval y su Circo de Pulgas	incomprensible; de mal gusto	despedirlo; buscar a otro intérprete
vier	Baile Canino de París	un poco aburrido; los perros están sucios	lavar más a los perros
sáb	Pedro y Pedrito *(ventrílocuo)*	imaginativo, pero no muy popular	moverlo al lunes
dom	Andrés el Ágil, malabarista *(juggler)*	muy talentoso; popular	contratarlo por 6 meses más

CAPÍTULO 6

Communicative Activities 6-1B and 6-2B

6-1B Your Spanish Club has gone on a field trip to an exhibit of artists from all over the Spanish-speaking world. At the exhibit, you and your partner each took notes on what you saw. Now the two of you want to consolidate your impressions so that you can write a report for class. Complete your chart by asking your partner for the missing information.

MODELO
— ¿Qué me cuentas de Guillermo Chávez Vega?
— Bueno, es muralista y es de México.
— ¿Qué opinas de su estilo?
— ¡Lo encuentro genial!
— ¿Cuál es su obra maestra?
— Admiro más "Reforma y Constitución."

Artista	Origen	Clasificación	Obra maestra	Opiniones
Édgar Negret	Colombia	Escultor	"Escalera"	formidable, genial
Diego Rivera				
Frida Kahlo	México	Pintora	"Las Dos Fridas"	original, realista
Alejandro Xul Solar				
José Clemente Orozco	México	Muralista, Pintor	"El Padre Hidalgo"	formidable, creativo
Pablo Picasso				

6-2B You book entertainment for the Civic Auditorium. Unfortunately, you may soon be out of a job unless attendance improves. The problem is that some of the entertainment is notoriously bad! Your partner, an entertainment critic for a local newspaper, steps in as a friend to help you out by giving you some constuctive criticism. Find out what your friend thinks of this weeks's acts and what changes need to be made in the lineup. Take notes in the chart below.

MODELO
— ¿Qué opinas de Felipe Sandoval y su Circo de Pulgas *(Fleas)*?
— Para decir la verdad, es insignificante. No lo soporto.
— ¿De verdad? Entonces, ¿qué me sugieres hacer?
— Es mejor que lo despidas *(fire him)*.
— Muy bien.

Día	Intérprete *(performer)*	Opinión	Soluciones
lun	Don Miguel y el Mariachi Sonora		
mar	Gaby Guzmán y su Caballo Cantante		
miér	Isabel Mora y Juanillo Pedraza		
jue	Felipe Sandoval y su Circo de Pulgas	*insignificante; no lo soporta*	*despedirlo*
vier	Baile Canino de París		
sáb	Pedro y Pedrito *(ventrílocuo)*		
dom	Andrés el Ágil, malabarista *(juggler)*		

Nombre _____ Clase _____ Fecha _____

6-3A You're quite the socialite! Your calendar is filled with activities taking place this week in your city. Suggest some of the following events to your partner and then invite him or her to four events on the calendar below. Your partner has a busy week too, so be persistent! **¡Buena suerte!**

lunes	martes	miércoles	jueves	viernes	sábado	domingo
Fiesta de Quinceañera de María, Iglesia Santa Julia *7:00 P.M.*	Película *Leyendas de la Caída* *6:30 P.M.*	Conferencia de Carlos Fuentes, Plaza Norteña *8:00 P.M.*	Concierto de piano, Hotel Palacio *8:30 P.M.*	Exhibición Kahlo/Rivera, Galería Sin Fronteras *5:00 P.M.*	Baile Escolar, Gimnasio *9:00 P.M.*	Baile Folklórico, Teatro Campesino *7:30 P.M.*

6-4A You and your partner are both columnists for a major Mexican music magazine. You cover the live music scene in Mexico City and your partner covers the live music scene in Guadalajara. Since you will be visiting Guadalajara soon, you've compiled a list of some currently popular local musical acts. Find out from your partner which ones are must-sees and which ones aren't worth going to see. For each act your partner advises against, write in the act you'll see instead.

MODELO
— ¿Qué opinas de los "Freddy y los Chamacos"?
— Para decir la verdad, son insoportables.
— Entonces, ¿qué me recomiendas?
— Te recomiendo que vayas a ver a Lolita Sánchez. Me parece formidable.
— Muy bien.

Intérpretes en Guadalajara	Notas
José Alberto	
Los Grillos	
Victoria Mora	
El Mariachi Patria	

Now help your partner see the best local acts in Mexico City by using the information below. If your partner is planning to see an act you think is bad, tell him or her what you think of it and suggest another act at the same place.

Intérpretes en México, D.F.

Los mejores intérpretes
Lolita Sánchez — formidable **(El Sótano)**
Mario Suárez y los Chilangos — muy originales e imaginativos **(Club Volcán)**
Daniela — maravillosa; la admiro mucho **(Club Satélite)**
Los Ángeles Urbanos — geniales, originales **(Salón México)**

Los peores intérpretes
Freddy y los Chamacos — insoportables **(Club Volcán)**
Beto y los Teenagers — muy superficiales **(Club Satélite)**
Plata y Oro — me deja frío; de mal gusto **(Salón México)**
Chole Saldívar — muy poco entretenida **(Club Satélite)**

Nombre _____ Clase _____ Fecha _____

Communicative Activities 6-3B and 6-4B

6-3B Your friend has called to invite you to several activities taking place in your city this week. You're very conscientious about your studies, and your calendar is also very full. Check your calendar below, then turn down the invitations to each event your partner invites you to attend.

lunes	martes	miércoles	jueves	viernes	sábado	domingo
estudiar para el examen de historia	ir a la biblioteca para buscar informes sobre Siqueiros	escribir un artículo acerca de la directora para la clase de inglés	practicar el diálogo de francés con Marta	terminar mi trabajo de inglés sobre la música pop	pintar el mural para la clase de español con Clara y Anita	continuar con el mural

6-4B You and your partner are both columnists for a major Mexican music magazine. You cover the live music scene in Guadalajara and your partner covers the live music scene in Mexico City. Your partner will be visiting Guadalajara soon. Help him or her see the best local acts by using the information below. If your partner is planning to see an act you think is bad, tell him or her what you think of it and suggest another act at the same place.

MODELO
— ¿Qué opinas de "Darío y los Delincuentes"?
— Para decir la verdad, me parecen muy convencionales. Además son de muy mal gusto.
— Entonces, ¿qué me recomiendas?
— Te recomiendo que vayas a ver a José Alberto. Es muy entretenido
— Muy bien.

Intérpretes en Guadalajara

Los mejores intérpretes
José Alberto — muy entretenido **(Salón Tapatío)**
El Mariachi Patria — muy original; maravilloso **(Club Minas)**
Celina Fortuna — muy creativa; la admiro mucho **(Expo)**
Los Paracaidistas — muy originales y talentosos **(Teatro Siglo XX)**

Los peores intérpretes
Victoria Mora — intolerable **(Expo)**
Darío y los Delincuentes — muy convencionales; de mal gusto **(Salón Tapatío)**
el grupo "Papa sin sal" — aburrido; me deja frío **(Teatro Siglo XX)**
Los Grillos — muy poco originales **(Club Minas)**

Since you will be visiting Mexico City soon, you've compiled a list of some currently popular local musical acts. Find out from your partner which ones are must-sees and which ones aren't worth going to see. For each act your partner advises against, write in the act you'll see instead.

Intérpretes en México, D.F.	Notas
Plata y Oro	
Lolita Sánchez	
Chole Saldívar	
Daniela	

CAPÍTULO 6

Teaching Transparency Master 6-2

Teaching Transparency 6-1

1. **Listening:** For each of the scenes in the transparency, prepare and read a short paragraph describing the people's reactions to the art shown. Students should indicate which scene you are describing. You may also give students a series of statements about a given scene and have students say whether each statement is **cierto** or **falso**.

2. **Speaking/Pair work:** Ask students for their own opinions on the art shown in the transparency. You might also have them work in pairs and ask one another for their opinions. Ask them if it's important for students to study the kinds of art shown on the transparency. Ask the students to explain their opinions.

3. **Writing/Group work:** Have small groups of students work together to create a dialogue between the people shown in one or more of the scenes in the transparency. The characters should introduce and change topics of conversation, and they should express their opinions about the art shown in their scene.

4. **Speaking/Pair work:** Have pairs of students perform for the class the dialogues they prepared in Activity 3 above.

Teaching Transparency 6-2

1. **Listening:** Read short dialogues in which speakers invite and decline invitations to one or more of the cultural events shown on the posters in the transparency. Have students indicate which of the cultural events shown in the transparency correspond to each dialogue.

2. **Writing/Group work:** Have three students work together to write a dialogue between the two young people and the worker at the tourist office. The two young people are trying to find out what they should see during their stay and the tourism worker is making specific recommendations to help them make up their minds.

3. **Writing/Pair work:** Have pairs of students work together to write a dialogue between the two young people in the café looking at the brochures. The two must negotiate the things they will see and do during a two or three day period. Students should have them make suggestions and extend invitations, as well as decline them.

4. **Reading/Group work:** Choose one or more of the dialogues that students wrote in Activities 2 or 3 above. Write comprehension questions about the dialogue(s) and have students answer them in groups.

5. **Speaking/Pair work:** Have students perform for the class the dialogues they wrote in Activity 4 above.

Nombre _____ Clase _____ Fecha _____

 Additional Listening Activities

■ PRIMER PASO

6-1 Margo and Susana are artistically oriented students at their school and they're having a conversation about different art topics. Listen to their conversation and indicate below who introduced each topic of conversation. How many times did they change the subject?

Tema	Margo	Susana
Orozco		
Grupo de danza clásica		
Grupo de música clásica		
Exhibición de esculturas		
Estudiante que ganó el premio		

Margo y Susana cambiaron de tema _____ veces.

6-2 Fernando and Angel are professional radio commentators who cover the world of art and entertainment. Based on their comments, indicate if their opinions about various artists are negative, neutral, or positive.

	Opinión negativa	Opinión neutral	Opinión positiva
Concierto de Alejandro Landa			
La Tempestad de Shakespeare			
Cuadros de Gabriel Macotela			
Película de Emilio Truebo			

6-3 Lola and her grandmother are having a conversation about Lola's desire to become an artist. Listen to their conversation and answer the questions below.

_____ 1. La abuela de Lola dice que para ser pintora, es importante que Lola _____.
   a. estudie computación
   b. estudie las artes visuales
   c. sea arquitecta

_____ 2. La abuela cree que es necesario que Lola _____.
   a. comprenda bien las computadoras
   b. sea escultora
   c. sepa cómo preparar y combinar los colores

_____ 3. Según la abuela, hace falta que Lola _____.
   a. tome clases con Remedios Varo
   b. aprenda a pintar sin computadora
   c. use sólo las técnicas más modernas

CAPÍTULO 6

■ SEGUNDO PASO

6-4 Antonio is on a business trip in Guadalajara, but today he wants to go to the theater and have a nice dinner. Listen as he calls the phone entertainment service Telocio and indicate below if the following recommendations are true or false.

_____ 1. Le recomendamos que vaya a la nueva obra de teatro de Carlos Manzano.

_____ 2. Le aconsejamos llegar dos horas antes de la función.

_____ 3. Es mejor que vaya a la función en su carro.

_____ 4. Si quiere cenar algo, sería buena idea considerar la Fonda de San Juan.

_____ 5. Le conviene traer su cámara.

Additional Listening Activities

6-5 Karla is with a group of her friends at school and is inviting them to go to an exhibit. Listen to their conversation and indicate below who turned down her invitation and who will go with her.

Nombre	aceptó la invitación	no aceptó la invitación
Vicente		
Victoria		
Virginia		
Víctor		

6-6 Ana and Paco are planning their weekend activities together. For each place listed below, indicate who suggested going there. Then indicate which places Ana didn't want to go to.

	Paco	Ana
ir al teatro		
ir al concierto de rock		
ir al cine		
ir al ballet folklórico		
ir a bailar		

Ana no quería ir _____

_____

¡Ven conmigo! Level 3, Chapter 6

Additional Listening Activities

SONG

Mexicans typically take great pride in the region, state or city that they're from, and they like to sing its praises. There are songs that celebrate the beauty and charm of nearly every region in Mexico. This song is about the state of Jalisco, whose capital city is Guadalajara. In it the singer expresses his love for Guadalajara and for mariachi music, which has its deepest roots in Jalisco.

Jalisco
¡Ay! Jalisco, Jalisco, Jalisco,
tú tienes tu novia que es Guadalajara.
Muchacha bonita la perla más rara,
de todo Jalisco es mi Guadalajara.

Y me gusta escuchar los mariachis,
cantar con el alma sus lindas canciones.
Y oír cómo suenan esos guitarrones,
y echarme una tequila con los valentones.

¡Ay...! Jalisco no te rajes,
me sale del alma,
gritar con calor,
abrir todo el pecho, pa' echar este grito,
¡qué lindo es Jalisco!, palabra de honor. (Repite)

CAPÍTULO 6

This song is recorded on *Audio CD 6* and is also on *Audiocassette 11: Songs*. Although it is presented in this chapter, it can be used at any time.

Realia 6-1

CONSEJO NACIONAL DE CULTURA

MÉXICO ES ASÍ: LA PLÁSTICA

COLECTIVA
DE ARTE
CONTEMPORANEO

**ARMANDO
GUZMAN
COMO CUSPIDE
Y MATRIZ**

**HOMENAJE A
PEDRO CARRILLO**

**4 PRESENCIAS
EN EL MUNDO:**
ALEJANDRO SOTO,
JESUS SANCHEZ,
CARLOS RODRIGUEZ,
MIGUEL CHAVEZ
Y
OBRAS DE
MANUEL QUINTANILLA,
MERCEDES CASTILLO,
CARLOS PARDO,
VICTOR BARRETO
Y PEDRO GARCIA.

**JUNIO/JULIO, 1996
GALERIA SIN
FRONTERAS
GUADALAJARA
MEXICO**

Programación enmarcada dentro de la exposición
MEXICO ES ASI: LA PLASTICA

TALLERES
CLAVES DE LA PLASTICA NACIONAL

I. martes 27-06-96
Las obras maestras de fines de siglo XIX
Pablo Navarro, Cristóbal Riojas, Antonio Herrera,
Martín Dominguez.
Lectura sobre las obras maestras de varios artistas
mexicanos.

II. miércoles 28-06-96
La escultura en México: Arte Popular
La escultura, la arquitectura, los pueblos.
Francisco Cordero Mina, un paradigma.

III. jueves 29-06-96
La imagen del cuerpo en el arte
Artista: Rafael Romero

IV. viernes 30-06-96
En torno al círculo de Bellas Artes
Los jóvenes pintores y el paisaje.
Una nueva generación de pintores viajeros:
Castañón, Villanueva, Benavides.

V. sábado 01-07-96
**Los años sesenta: la revolución
permanente**
Los grupos y los clanes.
Los expresionismos.
El fin de una época.

**Todas las actividades se efectuarán en:
Galería sin fronteras, en el centro de la
ciudad de Guadalajara
Hora: 7:30 p.m.**

**VISITAS GUIADAS PARA ESTUDIANTES Y
PUBLICO EN GENERAL:**
Solicitar información e inscripciones a:
Galería sin fronteras, Guadalajara, teléfonos:
275.5689/275.4602

CAPÍTULO 6

Visítelo

MÚSICA

El Banjo—Avenida El Presidente, 17 (473.4441). Lo mejor de la música country, aquí todas las noches. Clases de baile.

El Volcán—Calle El Libertador, 26 (473.5417). Discoteca de perenne popularidad entre los jóvenes.

La Cabaña—Avenida Plutarco, esquina con Gral. Sánchez (478.1350). Club de baile. Bandas y orquestas en vivo. Música salsa, merengue, tango.

Corazones—Calle Antígone 55 (476.1273). Música folk, reggae, funk, blues. Bailes organizados.

El ganso azul—Esquina Avdas. Plutarco y El Presidente (477-4230). Lunes, miércoles y viernes: Rock n' Roll. Martes, jueves, sábados: música country. Cerrado los domingos.

TEATRO

Les Misérables—Teatro Cívico, Calle Flores 42 (476.1430). Musical basado en la obra de Víctor Hugo sobre la revolución francesa.

La vida es sueño—Teatro Español, Avenida Progreso 364 (472.2230). La obra más famosa de Calderón de la Barca.

Bodas de sangre—Teatro El Imperial, Avenida Güiraldes 12 (474.0978). Drama famoso de García Lorca.

MUSEOS

Museo de Arte Moderno—Avenida Candelaria 47 (475.5521). Exhibición especial de dibujos y pinturas de Picasso.

Museo del Campo Norteamericano—Calle Ocho, 119 (471.1247). Gran variedad de artesanías de áreas rurales de los Estados Unidos. Colchas, tejidos, vestidos.

Museo de Jalisco—Calle Los Ministros 523 (475.4210). Artesanías tradicionales del estado de Jalisco, pinturas, fotografías.

Museo Frida Kahlo—Avenida El Príncipe 1334 (479.1537). Exhibición permanente de reproducciones de lo mejor de la obra de Kahlo.

Museo del Deporte—Avenida Habsburgo 1412 (473.2214). Una gran variedad de exhibiciones sobre los deportes de nuestros días y del pasado.

Realia 6-1: Program for the Consejo Nacional de Cultura

1. **Reading:** Have students skim the program. Can they tell what it is? (an art exhibition program) Where and when is the exhibition being held? (June—July, 1996 in the **Galería sin fronteras** in Guadalajara, Mexico). What sort of exhibition is this? (an exhibition of Mexican **artes plásticas**) What are the scheduled events on the calendar? (lectures related to the exhibition)

2. **Writing:** Have students create an exhibition program and schedule of related lectures or workshops for an art form of interest to them (Example: ballet, comic book art, tejano music, etc.)

3. **Speaking/Pair work:** Divide the class into pairs. One member of each pair (Student A) is a talented artist, but doesn't have any confidence in his or her artistic ability. The other student (Student B) is a friend who is trying to convince Student A to take his (or her) talent seriously. Part of Student B's approach is to try to get Student A to attend the exhibition. Students should incorporate as many of the structures from this chapter as possible in their conversations.

4. **Listening:** Read the titles and descriptions of the lectures—out of order, of course—and have the students tell you when each lecture is scheduled.

5. **Listening:** Describe to the students different people with varying artistic interests; have students say which lecture(s) each of these people would be most interested in attending. Some examples:
   Esta persona se interesa mucho por el arte popular.
   Esta persona se interesa por la representación de la forma humana.
   A esta persona le gustaría aprender más sobre la pintura de los paisajes.

Realia 6-2: Entertainment Guide

1. **Listening:** Read the addresses or descriptions of places mentioned in the entertainment guide; students have to match your description with the name of the locale described.

2. **Reading/Pair work:** Have students read over Realia item 6.2. Can they tell what this document is? (an entertainment guide) Are they familiar with any of the things mentioned in the entertainment guide? (students may be familiar with the types of music and the theatrical works mentioned, and with the paintings of Frida Kahlo)

3. **Speaking/Pair work:** Have students work in pairs to invite each other to various places and events shown on the entertainment guide. Students should use expressions they've learned in the chapter to give their opinions of the places they're invited to. They should accept some of the invitations and decline others, depending on how interested they are in each activity.

4. **Writing/Group work:** Have students work in groups of three to write an itinerary for someone who is visiting the city that produced this entertainment guide. Have students write suggestions for places to visit and events to attend, based on the entertainment guide.

Situation Cards 6-1, 6-2, 6-3: Interview

Situation 6-1: Interview

You run an art gallery and are seen as something of an art expert. A fairly talented local artist trying to get his work shown has brought in some of his work for you to critique. You're impressed with his paintings, but you don't like his sculptures at all. Respond to the artist's questions.

> ¿Qué opina Ud. de mis pinturas?
>
> ¿Qué piensa Ud. de mis esculturas?
>
> A propósito, ¿a qué artistas admira Ud.?
>
> En su opinión, ¿qué tipo de exhibición conviene que yo presente?

Situation 6-2: Interview

A friend is taking an art history class. Since you've already taken an art history class, your friend asks you for some advice on how to do well in the class. Answer these questions your friend might ask you.

> ¿Qué me sugieres hacer para sacar una A en la clase?
>
> ¿Sería buena idea o mala idea no estar de acuerdo con el profesor?
>
> ¿Qué me aconsejas que yo haga para estudiar para los exámenes?
>
> ¿Es mejor que yo estudie solo(a) o con otros estudiantes de la clase?
>
> ¿Tienes algún consejo para salir bien en los exámenes?

Situation 6-3: Interview

You strike up a conversation with a young tourist from Mexico who is visiting your area for two days. Since you're a local resident, the Mexican tourist wants you to give him some advice on how to get around and on what things you recommend to see. Also give him your opinion of each thing you mention.

> ¿Qué me cuentas de tu ciudad? ¿Te gusta vivir aquí?
>
> ¿Hace falta que nosotros usemos un carro para ver la ciudad?
>
> ¿En qué hotel es mejor que yo me quede?
>
> ¿Cuáles son los sitios más interesantes de aquí?
>
> Sólo tengo dos días para quedarme aquí. ¿Qué cosas debería ver?

CAPÍTULO 6

Situation Cards 6-1, 6-2, 6-3: Role-play

Situation 6-1: Role-play

Student A   You and **Student B** go to see a visiting dance company and afterwards discuss the performance. You were quite impressed with the whole production. Express your opinion to **Student B**.

Student B   You, on the other hand, are disappointed with the recital, and you thought the music was awful. Let **Student A** know what you think about it. Then tell Student A what needs to be done to improve the performance.

hace falta que, me deja frío, creativo, de muy mal gusto, genial, entretenido, hermoso, insoportable, pésimo, magnífico, original

Situation 6-2: Role-play

Student A   Ask **Student B** what you must do to get a good grade in your art class. Thank **Student B** for the advice and then invite him or her to go with you to a new painting exhibition this afternoon.

Student B   You've noticed **Student A** coming late to class, which your teacher just hates. First give **Student A** some advice on how to get by in art class. Then turn down **Student A**'s invitation since you've got plans. Suggest tomorrow instead.

es mejor que; sería buena/mala idea; te aconsejo que...; hoy no, hagámoslo mañana; gracias por invitarme, pero no puedo

Situation 6-3: Role-play

Student A   **Student B** just moved to your community from another state. First ask **Student B** what he or she thinks of the area, then answer **Student B**'s questions and give him or her advice on living in his or her new home. Also tell **Student B** what places to avoid.

Student B   Tell **Student A** that you find the new community boring, then ask **Student A** to give you some pointers on places to go and not to go.

lo (la) encuentro..., te aconsejo que..., es mejor que..., sería mala idea..., no te conviene...

Student Response Forms

6 De todo un poco p. 142

Pilar y Jorge están hablando de los artistas Joan Miró, Salvador Dalí y Remedios Varo. Escucha la conversación e indica cuántas veces cambian de tema.

Pilar y Jorge cambian de tema _____ veces.

8 Bellas artes p. 143

Escucha varias conversaciones breves e indica si las personas están hablando de **música**, **danza**, **literatura**, **escultura** o **pintura**.

	música	danza	literatura	escultura	pintura
1.					
2.					
3.					
4.					

10 Así lo veo yo p. 144

Ana está hablando con su amiga Tere. Indica si Ana habla de lo que **ella misma** debe hacer o lo que es necesario que haga **Tere.**

	Ana	Tere
1.		
2.		
3.		
4.		

	Ana	Tere
5.		
6.		
7.		
8.		

12 Comentarios positivos y negativos p. 145

Vas a escuchar unos comentarios. Indica si cada comentario expresa una opinión **positiva**, **negativa** o de **indiferencia.**

	positiva	negativa	de indiferencia
1.			
2.			
3.			

	positiva	negativa	de indiferencia
4.			
5.			
6.			

Student Response Forms

18 Se parecen p. 148

Vuelve a revisar los hábitos y las opiniones de Luis Miguel. Luego escucha dos entrevistas más e indica cuál de los entrevistados se parece más a Luis Miguel—**Carlo Antonio** o **Claudia**.

_____ se parece más a Luis Miguel.

21 Planes para un viaje p. 150

Escucha mientras Anya y Lenora hacen planes para un viaje a Guadalajara. Luego escoge la recomendación o sugerencia que mejor corresponda a cada situación que ellas presentan.

1. _____   a. Sería buena idea reservar las entradas por teléfono antes de salir.

2. _____   b. Les aconsejo que dejen las compras hasta la próxima semana.

3. _____   c. No les conviene llevar tantas cosas.

4. _____   d. Sugerimos que se reúnan en la Plaza de Armas.

5. _____   e. No olviden los papeles.

25 Invitaciones y excusas p. 152

Escucha las conversaciones entre Humberto y sus amigos e indica si los siguientes amigos aceptan sus invitaciones o no. Si no aceptan, indica qué van a hacer.

	sí	no	lo que van a hacer
1. Sara			
2. Miguel			
3. Laura			
4. Ricardo			

Repaso Activity 1 p. 158

Escucha dos versiones de una conversación entre Ricardo y Tomás. Indica cuál de las versiones corresponde a la secuencia de eventos representada por los dibujos en la página 158 de tu libro de texto.

La versión representada por los dibujos es la _____ .

a. primera   **b.** segunda

El arte y la música

Quiz 6-1

■ PRIMER PASO

Maximum Score: 50

I. Listening

A. Listen as Carolina and Felipe talk about the arts. Then, based on their opinions, place a check-mark in the appropriate space below. (12 points)

	Carolina		Felipe	
	le gusta(n)	no le gusta(n)	le gusta(n)	no le gusta(n)
1. Las pinturas de Botero				
2. La música de Mecano				
3. La escultura romana				

SCORE _____

II. Reading

B. Juan Bustamante, art critic for **Revista de arte,** wrote the following review. Read it and then indicate whether each statement below is **a) cierto** or **b) falso.** (12 points)

EXHIBICION DE ARTISTAS CONTEMPORANEOS

Fui anoche a una exhibición de cinco artistas contemporáneos en la Galería Romeralo. Las pinturas no eran por lo general muy buenas, con la excepción de las de Elena Salcedo, que eran impresionantes. El estilo de Salcedo es genial: original pero al mismo tiempo realista. No hay nada convencional en las obras de Salcedo. Es una artista formidable. Creo que es importante que todos los aficionados del arte conozcan la obra de Salcedo.

Desafortunadamente, los otros artistas no alcanzaron el mismo nivel de calidad. Tengo que mencionar a Pedro Hernández y a Lolita Chávez en particular. Los seis cuadros de Hernández me parecieron insignificantes y me dejaron frío. Las pinturas de Chávez eran pésimas y tengo que decir que eran de muy mal gusto. Hace falta que tengamos una exhibición especial pronto para las obras de Salcedo.
—Juan Bustamante

_____ 4. Bustamante admiró las obras de todos los artistas en la exhibición.

_____ 5. Bustamante encontró impresionantes las pinturas de Salcedo.

_____ 6. Según Bustamante, hace falta que todos los aficionados al arte conozcan la obra de Salcedo.

_____ 7. Bustamante piensa que Hernández tiene un estilo original e imaginativo.

_____ 8. Para Bustamante, las obras de Lolita Chávez eran insoportables.

_____ 9. Según Bustamante, es necesario que tengan otra exhibición para las obras de Salcedo.

SCORE _____

✦ Quiz 6-1

III. Writing

C. In each of the mini-conversations below, Memo is talking to his friends about art functions he's attended lately. Each person he talks to changes the subject. Fill in the blanks with logical sentences, using the expressions you have learned for changing the subject. (16 points)

10. MEMO Fui a una exhibición genial el fin de semana pasado.

   TONY _____

   _____

11. MEMO El concierto de música jazz fue maravilloso.

   ELIA _____

   _____

12. MEMO ¿Viste las esculturas de Joaquín Peral? ¡Son maravillosas!

   KARL _____

   _____

13. MEMO Tienes que ver la nueva película de Andrea Solórzano. Es una obra maestra.

   ANNE _____

   _____

SCORE ☐

IV. Culture

D. Indicate whether each of the following statements is **a) cierto** or **b) falso.** (10 points)

_____ 14. La quena, el charango, y el güiro son de origen europeo.

_____ 15. La quena es un tipo de flauta.

_____ 16. Se toca el charango como una guitarra.

_____ 17. El güiro es un instrumento de percusión europeo.

_____ 18. Hay murales de Orozco en los Estados Unidos.

SCORE ☐

TOTAL SCORE ☐ /50

CAPÍTULO 6

El arte y la música

■ SEGUNDO PASO

I. Listening

A. Listen as Luis, José, and Miguel invite each other to do things. For each invitation you hear, indicate below whether the person **accepts the invitation, turns it down, tries to reschedule,** or **suggests something else.** (15 points)

	accepts	turns invitation down	tries to reschedule	suggests something else
1.				
2.				
3.				
4.				
5.				

SCORE _____

II. Reading

B. Rosa Gonzales, a beginning art dealer, wrote to her uncle, a retired art dealer, asking his advice on an exhibition she's planning. Read his reply below, then indicate whether the statements that follow are **a) cierto** or **b) falso.** (15 points)

> Querida Rosa:
> Gracias por pedir mis consejos para la exhibición que estás planeando. Bueno, éstas son mis ideas. Te aconsejo que limites la exhibición a cuatro artistas, no más. Sería muy difícil exhibir más en tu pequeña galería. Es mejor que exhibas dibujos y pinturas en lugar de cerámica. Sugiero que comiences la exhibición en marzo si es posible. En julio hace mucho calor y nadie querrá ir. No te olvides de invitar a todos los críticos—la publicidad te puede ayudar mucho. Y lo más importante: mándame una invitación. Buena suerte y un abrazo de tu
> Tío David

_____ 6. Según David, es mejor que Rosa invite a sólo uno o dos artistas.

_____ 7. David le aconseja exhibir mucha cerámica.

_____ 8. David sugiere que Rosa abra su exhibición en julio.

_____ 9. David piensa ir a la exhibición.

_____ 10. A David no le gustan los críticos y sugiere que Rosa no los invite.

SCORE _____

Quiz 6-2

III. Writing

C. During the past week, Alonso has been invited to five different events. Each time, he has turned down the invitation. Write sentences below to indicate how he turned down each invitation. Use a different expression for each sentence. (20 points)

11. SUSANA Hay un concierto de la sinfónica el viernes. ¿Quieres ir?

    ALONSO _____

    _____

    _____

12. MARINA He oído que van a tener una exhibición de pinturas de Dalí en junio. ¿Te gustaría ir?

    ALONSO _____

    _____

    _____

13. CARLOS Irene y yo vamos al concierto de Maná el viernes. ¿Nos acompañas?

    ALONSO _____

    _____

    _____

14. SERGEI Tomás y yo vamos al partido de básquetbol esta noche. ¿Nos acompañas?

    ALONSO _____

    _____

    _____

15. SARITA Hay una exhibición especial este mes de objetos de arte de Rusia. ¿Qué te parece si vamos el jueves?

    ALONSO _____

    _____

    _____

SCORE _____

TOTAL SCORE _____ /50

CUMULATIVE SCORE FOR QUIZZES 1–2 _____ /100

CAPÍTULO 6

El arte y la música

Chapter 6 Test

I. Listening

Maximum Score: 30 points

A. Rafael Mercado, the host of a radio show featuring arts news, is interviewing the famous art critic Cristóbal Sorolla. Listen to the interview and indicate which of the choices correctly answers each question. (12 points)

_____ 1. ¿De qué habla Sorolla?
   a. De una exhibición de arte.
   b. De un artista que toca el piano.

_____ 2. ¿A Sorolla le gustó la exhibición en la Galería Verano?
   a. sí
   b. no

_____ 3. ¿Qué piensa Sorolla de Paco Galíndez?
   a. Sus cuadros son insignificantes.
   b. Su escultura es convencional.

_____ 4. ¿Qué piensa Sorolla de Carlos García?
   a. Encuentra su escultura pésima.
   b. Admira mucho sus obras maestras.

_____ 5. Según Sorolla, ¿quiénes deben patrocinar a los artistas?
   a. Hace falta que el gobierno los patrocine.
   b. Los artistas deben vivir de su propio trabajo.

_____ 6. ¿De quién es la primera llamada?
   a. Es de otro crítico de arte.
   b. Es del artista ofendido por Sorolla.

SCORE [ ]

B. Listen to the following sentences. For each sentence you hear, indicate below whether the person is **a)** extending an invitation, **b)** turning down an invitation, or **c)** trying to reschedule a plan. (18 points)

_____ 7. a b c

_____ 8. a b c

_____ 9. a b c

_____ 10. a b c

_____ 11. a b c

_____ 12. a b c

_____ 13. a b c

_____ 14. a b c

_____ 15. a b c

SCORE [ ]

Chapter 6 Test

II. Reading

C. Please read the following minutes from a meeting of the **Comité para el fomento del arte** in Guadalajara. Then indicate if the statements that follow the reading are **a) cierto** or **b) falso**. (10 points)

Comité para el fomento del arte

Acta de la reunión del viernes 11 de noviembre, al mediodía.

I. Funciones musicales

El Sr. Albornoz dijo que tenemos que tener un concierto por semana en el Anfiteatro Municipal. Dijo que sería buena idea invitar a grupos musicales de varios tipos. Dijo el Sr. Albornoz que debemos invitar a Maná primero porque le encanta el guacarock. La Sra. Vallejo indicó que a ella también le gusta mucho el guacarock. La Srta. Galindo indicó que prefiere que vengan sólo orquestas sinfónicas porque el guacarock le es indiferente.

II. Exhibiciones

La Sra. Vallejo dijo que quiere una exhibición de arte del siglo XIX en el Museo de Arte. El Sr. Albornoz dijo que las pinturas del siglo XIX son pésimas. Según la Srta. Galindo, lo que la ciudad tiene que hacer es tener varias exhibiciones al mismo tiempo para mostrar varios tipos de arte. La Sra. Castillo dijo que las pinturas de los impresionistas son las mejores, así que la ciudad debe enfocarse en las obras de pintores y pintoras de ese grupo. El Sr. Albornoz dijo que el arte impresionista no es muy imaginativa y que lo mejor sería exhibir obras de arte modernas. La Srta. Galindo dijo que no le gusta para nada el estilo de los artistas modernos.

III. Clases

La Sra. Vallejo indicó que quiere que la ciudad ofrezca clases de pintura. El Sr. Albornoz dijo que es buena idea tener clases de arte pero que prefiere clases de escultura porque para él las clases de pintura son aburridas. La Sra. Vallejo invitó al Sr. Albornoz a ver una sesión de clase de la Sra. Ramona Montálvez para ver que las clases de pintura pueden ser buenas. El Sr. Albornoz dijo que no puede asistir a la clase esta semana pero tal vez sí puede la semana que viene.

Se levantó la sesión a la una.

_____ 16. Según el Sr. Albornoz, no les conviene tener conciertos en el Anfiteatro Municipal.

_____ 17. El Sr. Albornoz no soporta las pinturas del siglo XIX.

_____ 18. La Srta. Galindo sugiere que vengan sólo grupos de guacarock.

_____ 19. La Sra. Castillo piensa que les falta imaginación a las pinturas impresionistas.

_____ 20. La Sra. Vallejo le aconseja al Sr. Albornoz asistir a una clase de pintura.

SCORE [____]

D. Please indicate who would be most likely to make the following statements: a) **Sr. Albornoz,** b) **Srta. Galindo,** c) **Sra. Castillo,** or d) **Sra. Vallejo.** If no one at the meeting would have made the statement, choose **e).** (20 points)

_____ 21. Hace falta que tengamos clases de pintura.

_____ 22. No me gusta el arte impresionista. Le falta imaginación.

_____ 23. Sería buena idea tener una exhibición de arte del siglo XIX.

_____ 24. El guacarock me deja fría.

_____ 25. ¿Los artistas modernos? No los soporto.

_____ 26. Esta semana no puedo. ¿Por qué no lo dejamos para la semana que viene?

_____ 27. Admiro mucho las pinturas impresionistas.

_____ 28. ¿Han pensado en tener un concierto todos los días en el Anfiteatro Municipal?

_____ 29. Es mejor que invitemos orquestas sinfónicas.

_____ 30. Sería buena idea tener clases de guacarock.

SCORE [____]

C A P Í T U L O 6

Chapter 6 Test

III. Culture

Maximum Score: 10 points

E. Based on the information in your textbook, choose the letter of the word that best completes each statement. (10 points)

_____ 31. Se han combinado la flauta y el tambor con instrumentos _____ para crear la música americana de nuestros días.
   a. africanos
   b. europeos

_____ 32. El güiro está hecho de _____.
   a. metal
   b. una calabaza

_____ 33. El muralismo mexicano fue parte del movimiento_____ de las artes del país.
   a. nacionalista
   b. feminista

_____ 34. Las _____ son una manera de expresar nuestra individualidad.
   a. ciencias
   b. artes

_____ 35. Los muralistas mexicanos de los 1920 y 1930 representaron pasajes de la _____ del país en edificios públicos.
   a. historia
   b. literatura

SCORE [   ]

CAPÍTULO 6

IV. Writing

Maximum Score: 30 points

F. Read the following short conversations between Elena and her friends. Then look at each drawing and write what Elena would say to change the subject to what is portrayed in the drawing. (15 points)

36. MARIO El concierto de música country fue maravilloso.

ELENA _____

_____

37. KARLA ¿Sabes qué? Me compré una guitarra nueva ayer.

ELENA _____

_____

38. CELIA Mañana voy a una exhibición de fotografías de Romualdo Gavaldón.

ELENA _____

_____

39. PABLO Pedro Gonsalves es un cantante de ópera formidable.

ELENA _____

_____

40. MARGO Esta noche yo voy al partido de fútbol.

ELENA _____

SCORE [   ]

CAPÍTULO 6

Chapter 6 Test

G. For each invitation below, write three sentences. First turn down the invitation. Next, indicate why you are turning it down. Finally, suggest a better time to go or an alternate activity. (15 points)

41. ¿Quieres ir a la exhibición de pintura contemporánea?

_____

_____

_____

42. ¿Te gustaría ver la película *Flores de primavera?*

_____

_____

_____

43. Voy a la ópera el sábado. ¿Me acompañas?

_____

_____

_____

44. ¿Quieres ir al concierto de *Los gorilas locos?*

_____

_____

_____

45. ¿Quieres ir a la exhibición de obras de Monet?

_____

_____

_____

SCORE [ ]

TOTAL SCORE [ ] /100

CAPÍTULO 6 Chapter Test Score Sheet

Circle the letter that matches the most appropriate response.

I. Listening

Maximum Score: 30 points

A. (12 points)

1. a b
2. a b
3. a b
4. a b
5. a b
6. a b

SCORE _____

B. (18 points)

7. a b c
8. a b c
9. a b c
10. a b c
11. a b c

12. a b c
13. a b c
14. a b c
15. a b c

SCORE _____

II. Reading

Maximum Score: 30 points

C. (10 points)

16. a b
17. a b
18. a b
19. a b
20. a b

SCORE _____

D. (20 points)

21. a b c d e
22. a b c d e
23. a b c d e
24. a b c d e
25. a b c d e

26. a b c d e
27. a b c d e
28. a b c d e
29. a b c d e
30. a b c d e

SCORE _____

III. Culture

Maximum Score: 10 points

E. (10 points)

31. a b
32. a b
33. a b
34. a b
35. a b

SCORE _____

IV. Writing

Maximum Score: 30 points

F. (15 points)

36. _____
   _____

37. _____
   _____

38. _____
   _____

39. _____
   _____

40. _____
   _____

SCORE [____]

G. (15 points)

41. _____
   _____
   _____

42. _____
   _____
   _____

43. _____
   _____
   _____

44. _____
   _____
   _____

45. _____
   _____
   _____

SCORE [____]

TOTAL SCORE [____] /100

CAPÍTULO 6

CAPÍTULO

6

RESOURCES

Scripts and Answers

Scripts *for* Additional Listening Activities

Additional Listening Activity 6-1, p. 64

MARGO   Susana, ¿has leído algo del muralista mexicano José Clemente Orozco?

SUSANA   Sí, Margo. Y para decir la verdad, los muralistas mexicanos me parecen muy convencionales. Me gusta más la pintura de Xul Solar, por ejemplo.

MARGO   Cambiando de tema, Susana, ¿qué me dices del grupo de danza clásica de la escuela? ¿Sabes que Jorge y Daniel son parte del grupo de bailarines?

SUSANA   ¿De veras? No sabía. Me parece formidable. Hablando de la escuela, Margo, ¿qué me cuentas del grupo de música clásica que van a iniciar este verano. Yo voy a tocar la flauta y Mariana el violín.

MARGO   Genial. Eso me recuerda que la escuela va a patrocinar una exhibición de esculturas del grupo de artes plásticas en el otoño.

SUSANA   ¡Qué maravilloso! A propósito de la exhibición, ¿has oído algo de la estudiante de la escuela que ganó el premio de artes gráficas del estado?

MARGO   Sí, soy yo.

SUSANA   ¡Maravilloso! ¡Felicidades!

Additional Listening Activity 6-2, p. 64

FERNANDO   Bienvenidos, amigos a su programa de comentarios: El arte para los no artísticos. Los saludamos, como todos los viernes, Fernando Giralda...

ÁNGEL   Y Ángel Fermín. Aquí les vamos a decir qué es lo bueno y lo malo en el mundo del arte. Empecemos con la música. Alejandro Landa va a dar un concierto de rock en el auditorio municipal este fin de semana.

FERNANDO   Para decir la verdad, Ángel, no soporto a Alejandro. Tiene una voz horrible y su música no es original. Es como el rock de los sesenta.

ÁNGEL   Tienes razón, Fernando. Sus conciertos son puro teatro y no tienen nada de música. Oye, a propósito, ¿qué me cuentas de la obra de teatro *La Tempestad*, que está presentando el Club de Teatro Clásico en la sala Simón Bolívar?

FERNANDO   La encuentro genial. El Club Universitario está presentando una serie de obras maestras de autores como Shakespeare y Lope de Vega.

ÁNGEL   Cambiando de tema, ¿qué me dices de la exposición de cuadros de Gabriel Macotela que abre este fin de semana en el Museo de Arte Moderno?

FERNANDO   Admiro mucho la pintura de Macotela. Me parece formidable.

ÁNGEL   Gabriel es un pintor muy imaginativo y original, ¿verdad?

FERNANDO   Hablando de artistas buenos, ¿qué te parece la nueva película del director español Emilio Truebo, *Al pan, pan y al vino, vino*?

ÁNGEL   La verdad, las películas de Truebo me dejan frío.

FERNANDO   Estoy de acuerdo. Truebo es un director realista, pero a esta película le falta creatividad.

ÁNGEL   Muy bien, Fernando, se nos terminó el tiempo. Es todo por hoy, nos despedimos de ustedes, sus amigos...

FERNANDO   Fernando Giralda.

ÁNGEL   Y Ángel Fermín.

FERNANDO   Hasta la próxima semana.

Additional Listening Activity 6-3, p. 65

ABUELA   Lola, te gusta la pintura, ¿verdad?

LOLA   Sí, abuelita. Yo quiero ser una pintora.

ABUELA   Muy bien, para ser una pintora, es importante que estudies todas las artes visuales, como la escultura, la arquitectura y el diseño.

LOLA   Claro, abuelita. Además, tú has visto que las computadoras van a ser muy importantes para una pintora del futuro, ¿no crees?

ABUELA   Sí, claro que sí, Lola. Pero no olvides las técnicas antiguas. Es necesario que sepas cómo preparar los colores y combinarlos con un pincel también y no sólo por computadoras. El contacto físico con la tinta es importante.

LOLA   Ya entiendo, abue. Pero a mí me gusta pintar en computadoras.
ABUELA Eso está bien, hija, pero hace falta que aprendas a pintar sin usar la computadora. Las computadoras son un invento muy nuevo y ni Frida Kahlo ni Remedios Varo pintó con computadoras, ¿verdad?
LOLA   Tienes razón, abuelita.

Additional Listening Activity 6-4, p. 65

ANTONIO   A ver, aquí dice que hay que marcar el 1-800-TELOCIO.
GRABACIÓN Bienvenido a su guía telefónica del ocio. Si quiere usted saber los horarios del cine marque uno; los horarios del teatro, marque dos; los horarios de las exhibiciones de pintura, marque el tres...
ANTONIO   El dos.
GRABACIÓN Telocio le recomienda que vaya a ver la nueva obra de teatro de la escritora Carmen Madrigal, *La escalera*, en el Teatro Colón. La obra se presenta a las 6:00 y a las 10:00 pm. Le sugerimos que llegue una hora antes de la función. El Teatro Colón está en la calle Violetas número 25, en el centro de la ciudad. No le conviene viajar en coche al teatro, es mejor que tome un taxi o el metro hasta la estación Degollado. Si quiere cenar algo antes o después de la función, le sugerimos que vaya a la Fonda de San Juan, en la calle de Violetas número 13, o a la Hacienda Los Morelos, en la calle de Geranio número 51. Sería mala idea que lleve su cámara fotográfica porque no la puede usar durante la función. Si quiere usted regresar al menú principal, marque cero. Gracias por consultar su guía del ocio.
ANTONIO   Muy bien, a tomar el metro a la estación Degollado.

Additional Listening Activity 6-5, p. 66

KARLA   Hola, Vicente, yo sé que a ti te gusta la pintura. Y sabes que hay una exposición de Gabriela Castro este sábado en el centro. Quería saber si tenías ganas de acompañarme. Será muy divertido.
VICENTE   Ay, muchas gracias, Karla. De veras, me gustaría ir. Lo siento, pero lo que pasa es que ya tengo otros planes para el sábado en el día. Gracias por invitarme de todas maneras.
KARLA   Hola Victoria. ¿Cómo te va? Oye, te quería hacer una pregunta. No sé si sabías, pero este sábado en el centro va a haber una exposición de Gabriela Castro. Y ahora estoy buscando alguien que me acompañe. ¿Quieres ir?
VICTORIA Eso es muy amable de tu parte, Karla. Lo único es que tengo muchas cosas que hacer el sábado. ¿Por qué no lo dejamos para dentro de un mes?
KARLA   Ya no va a estar. ¿Qué dices tú, Virginia? Hay una exposición en el centro este sábado que quiero ver. ¿Me acompañas?
VIRGINIA Cuenta conmigo, Karla. Gracias por invitarme. ¿A qué hora nos reunimos?
KARLA   Oye, Víctor, Virginia y yo vamos al centro este sábado a ver la exposición de Gabriela Castro. ¿Te animas a ir con nosotras?
VÍCTOR   Gracias, Karla, pero francamente nunca me gustó el arte de Castro y no tengo ganas de ir a la exposición. ¡Pero que les vaya bien!

Additional Listening Activity 6-6, p. 66

PACO Oye, Ana. ¿Te gustaría ir al teatro este sábado?
ANA   Gracias por invitarme, Paco, pero no puedo. Además, ya fuimos al teatro la semana pasada.
PACO Entonces, vamos al concierto de rock el viernes por la noche.
ANA   No tengo ganas de ir, Paco. Me gusta más un concierto de música clásica, pero a ti te parecen insoportables.
PACO Sería buena idea ir al cine en cambio, ¿qué piensas?
ANA   Muy bien, vamos al cine el viernes en la noche. Quiero ver la película de Emilio Truebo.
PACO Perfecto. ¿Te parece que vayamos al ballet folklórico el próximo domingo?
ANA   ¿Por qué no lo dejamos para el mes próximo. A mí me gusta más la danza contemporánea.
PACO ¿Y qué te parece si vamos a bailar el domingo, entonces?
ANA   Encantada, Paco. Ya sabes que me encanta bailar. Podemos invitar a nuestros amigos. ¿Vale?
PACO Vale.

Answers *to* Additional Listening Activities

Additional Listening Activity 6-1 p. 64

1. Orozco: Margo
2. Grupo de danza clásica: Margo
3. Grupo de música clásica: Susana
4. exhibición de esculturas: Margo
5. Estudiante que ganó el premio: Susana

Margo y Susana cambiaron de tema __4__ veces.

Additional Listening Activity 6-2 p. 64

1. Concierto de Alejandro Landa: opinión negativa
2. *La Tempestad* de Shakespeare: opinión positiva
3. Cuadros de Gabriel Macotela: opinión positiva
4. Película de Emilio Truebo: opinión negativa

Additional Listening Activity 6-3 p. 65

1. b
2. c
3. b

Additional Listening Activity 6-4 p. 66

1. falso
2. falso
3. falso
4. cierto
5. falso

Additional Listening Activity 6-5 p. 67

1. Vicente: no aceptó la invitación
2. Victoria: no aceptó la invitación
3. Virginia: aceptó la invitación
4. Víctor: no aceptó la invitación

Additional Listening Activity 6-6 p. 68

1. teatro: Paco
2. concierto de rock: Paco
3. cine: Paco
4. ballet folklórico: Paco
5. bailar: Paco

Ana no quería ir al teatro, al concierto de rock, ni al ballet folklórico.

Quiz 6-1 Capítulo 6 Primer paso

I. Listening

A.   CAROLINA   Oye, Felipe, ¿has oído de Fernando Botero? Es un pintor famoso colombiano. Sus obras las encuentro...

      FELIPE   Botero, bah!, Sus pinturas las encuentro insoportables.

  CAROLINA   ¿De veras? Yo admiro mucho su arte. Eh, bueno, cambiando de tema, ¿qué te parece la música de Maná?

      FELIPE   Es pésima. El guacarock es insignificante. No lo soporto. ¿Por qué me lo preguntas?

  CAROLINA   Eh, por nada particular...A propósito. Dice aquí en el periódico que Mecano va a dar un concierto en México este verano.

      FELIPE   Ay, se me olvidó. Hace falta que consiga los boletos. Admiro mucho la música de Mecano.

  CAROLINA   A mí también me gusta. Es muy genial su música. A propósito, ¿fuiste a ver la exhibición de las esculturas de Roma antigua?

      FELIPE   No, no fui. Para ser sincero, la escultura me deja frío.

  CAROLINA   ¡Qué lástima! Estuvo magnífica.

Quiz 6-2 Capítulo 6 Segundo paso

I. Listening

1.   LUIS   Sugiero que asistamos al concierto de la Orquesta Nacional. Van a tocar una sinfonía de Beethoven. ¿Te parece bien, José?

    JOSÉ   No sé. Es mejor que vayamos al concierto de música rock. Los cantantes son formidables. ¿Estás de acuerdo?

2.   MIGUEL   ¿Has pensado en ir a ver la exhibición en el Museo de Arte Contemporáneo? Sólo quedan tres días para verla antes de que vaya a otra ciudad.

    LUIS   Para decir la verdad no me gusta el arte contemporáneo. No tengo ganas de verla.

3.   LUIS   Sería buena idea que vayamos a la Galería Nacional donde se ven las obras maestras de los grandes pintores europeos. ¿Quieres ir, Miguel?

  MIGUEL   No sé. ¿Por qué no lo dejamos para la próxima semana?

4.   MIGUEL   José, que no se te olvide que hay un partido de béisbol en el estadio universitario. ¿Me acompañas?

    JOSÉ   ¿Al partido de béisbol? ¡Genial! Nos conviene sacar las entradas ahora mismo porque habrá muchos aficionados.

5.   LUIS   Recomiendo que vayamos a ver una película este viernes. ¿Has pensado en ir, Miguel?

  MIGUEL   Hagámoslo el sábado. Ya tengo otros planes para el viernes.

Answers to Quizzes 6-1, 6-2

ANSWERS Quiz 6-1

I. Listening
A. (12 points: 2 points per item)

Carolina

	Le Gusta	No Le Gusta
1. Las pinturas de Botero	✔	
2. La música de Mecano	✔	
3. La escultura romana	✔	

Felipe

	Le Gusta	No Le Gusta
1. Las pinturas de Botero		✔
2. La música de Mecano	✔	
3. La escultura romana		✔

II. Reading
B. (12 points: 2 points per item)
4. b   7. b
5. a   8. a
6. a   9. a

III. Writing
C. (16 points: 4 points per item)
Answers will vary. Possible answers:
10. ¿Ah, sí? Hablando de la exhibición, ¿qué me cuentas de los cuadros de Remedios Varo?
11. A mí me gusta también la música jazz. Cambiando de tema, ¿qué me dices de la exhibición de esculturas de Jalisco?
12. Sí, las vi. Son geniales. A propósito, ¿qué has oído del concierto de música clásica?
13. Voy a verla el sábado. Eso me recuerda la novela de Juan Silvestre. ¿La has leído?

IV. Culture
D. (10 points: 2 points per item)
14. b
15. a
16. a
17. b
18. a

ANSWERS Quiz 6-2

I. Listening
A. (15 points: 3 points per item)
1. suggests something else
2. turns invitation down
3. tries to reschedule
4. accepts
5. tries to reschedule

II. Reading
B. (15 points: 3 points per item)
6. falso
7. falso
8. falso
9. cierto
10. falso

III. Writing
C. (20 points: 4 points per item)
Answers will vary. Possible answers:
11. Gracias por invitarme, Susana, pero el viernes no puedo.
12. Lo siento, Marina, pero ya tengo otros planes.
13. Tengo muchas cosas que hacer. La próxima vez iré.
14. No, no tengo ganas de ir a un partido de básquetbol esta noche.
15. El jueves no puedo. ¿Por qué no lo dejamos para la próxima semana?

I. Listening

A. MERCADO   Bueno, Cristóbal, ¿qué te pareció la exhibición en la Galería Verano?
    SOROLLA   En una palabra la exhibición fue pésima. Déjame explicar. El pintor Paco Galíndez tenía allí unos cuadros muy insignificantes y convencionales. Sus retratos no eran nada imaginativos.
    MERCADO   ¿Y qué opinas del escultor Carlos García?
    SOROLLA   Una escultura insoportable. Sus estatuas me hacen pensar en las cosas que los niños pequeños hacen en el colegio.
    MERCADO   Cambiando de tema, Cristóbal, ¿crees que el gobierno debe patrocinar las artes?
    SOROLLA   ¿Estás loco, Rafael? ¡De ningún modo! La idea de que el gobierno, es decir, nosotros los ciudadanos, mantengamos a los pintores y a los escultores, eso es incomprensible. Que los artistas trabajen y ganen ellos mismos.
    MERCADO   Gracias, Cristóbal. Ahora tenemos unas llamadas de nuestros radioyentes. ¿Puedes contestar sus preguntas?
    SOROLLA   Con mucho gusto, Rafael. Me encantaría hablar con ellos.
    MERCADO   Muy bien, entonces. ¡La primera llamada es de Carlos García!
    SOROLLA   ¡Carlos, qué linda sorpresa!

B. 7.   SERGIO   Carolina, mientras estamos en Guadalajara, ¿quieres ir al Teatro Degollado esta tarde?
    8. CAROLINA   Muchas gracias, pero hoy no puedo; tengo muchas cosas que hacer. Hágamoslo mañana.
    9.   SERGIO   Hola, Polito. El profesor me recomienda que vea el Palacio del gobierno aquí en Guadalajara. ¿Me quieres acompañar?
    10.   POLITO   ¿Qué tal, Mónica? ¿Quieres ir conmigo a la Catedral metropolitana esta mañana? Creo que sería buena idea ir mientras estamos en Guadalajara.
    11.   MÓNICA   Es mejor que vayamos por la tarde, ¿no te parece? Tengo mucho que hacer por la mañana. Y además está lloviendo ahora y pronosticaron que iba a dejar de llover esta tarde.
    12.   SERGIO   ¿Cómo te va, Diego? ¿No quieres ver el Palacio Municipal antes de irte de Guadalajara?
    13.   DIEGO   Ay, muchas gracias, Sergio, pero francamente no tengo ganas.
    14.   MARTÍN   Francamente, no tengo ganas de ir al Palacio Real. Es que nunca me interesaron esas cosas.
    15.   SANDRA   Sería buena idea dejarlo para mañana. ¿Qué tal si nos encontramos en el café mañana a las dos de la tarde?

Answers to Chapter Test

I. Listening Maximum Score: 30 points

A. (12 points: 2 points per item)
1. a
2. b
3. a
4. a
5. b
6. b

B. (18 points: 2 points per item)
7. a
8. c
9. a
10. a
11. c
12. a
13. b
14. b
15. c

II. Reading Maximum Score: 30 points

C. (10 points: 2 points per item)
16. b
17. a
18. b
19. b
20. a

D. (20 points: 2 points per item)
21. d
22. a
23. d
24. b
25. b
26. a
27. c
28. e
29. b
30. e

III. Culture Maximum Score: 10 points

E. (10 points: 2 points per item)
31. b
32. b
33. a
34. b
35. a

IV. Writing Maximum Score: 30 points

F. (15 points: 3 points per item)
Answers will vary. Possible answers:
36. Hablando de música, yo fui a un concierto de música clásica anoche.
37. Eso me hace pensar en el nuevo grupo de rock de nuestra ciudad.
38. Eso me recuerda la exhibición de pinturas que vi el fin de semana pasado.
39. A propósito, ¿qué has leído de María Keller? Ella es también una cantante excelente.
40. Yo no. Cambiando de tema, ¿vas al concierto de piano?

G. (15 points: 3 points per item)
Answers will vary. Possible answers:
41. Gracias por invitarme pero no puedo. Es que no me gusta la pintura; me deja fría. ¿Qué tal si vamos a un concierto?
42. Hagámoslo la semana que viene. Estoy tan cansado. Tal vez puedo el viernes que viene.
43. No tengo ganas de ver esa película. No soporto las obras de ese director. ¿Por qué no vamos a una exhibición de arte?
44. Lo siento, pero ya tengo otros planes. Y su música es insoportable. ¿Por qué no vamos mañana a un museo?
45. Hoy no. Tengo tantas cosas que hacer. ¿Por qué no lo dejamos para la próxima semana?

CAPÍTULO

6 El arte y la música

■ DE ANTEMANO

1 Llena los espacios con la información necesaria según la lectura en las páginas 138–139 de tu libro de texto.

1. Diego Rivera, ___f___ y José Clemente Orozco son los tres muralistas más conocidos de México.

2. Orozco pinta los detalles de la historia de ___b___.

3. A Luis no le gustan los murales de Orozco debido a los colores y las imágenes que a él le parecen muy ___e___.

4. Lázaro espera estudiar más sobre ___d___ en la universidad.

5. El Instituto Cultural Cabañas en Guadalajara y Dartmouth College tienen una cosa en común: ambos tienen ___a___ muy impresionantes.

a. murales mexicanos
b. México
c. frías
d. el muralismo
e. oscuros
f. David Alfaro Siqueiros

2 Busca la palabra que corresponde a la definición. Las palabras están escritas horizontalmente, verticalmente o diagonalmente, de izquierda a derecha o de derecha a izquierda.

SOPA DE LETRAS

P	X	C	I	A	T	S
R	I	V	E	R	A	E
O	M	N	S	T	C	A
H	A	E	T	P	R	L
J	L	A	R	U	M	A
L	O	C	Z	O	R	O
E	M	U	S	I	C	A

Pistas

1. Lo que hace un pintor.
2. Apellido de un muralista mexicano famoso.
3. Nombre general para la música, la pintura, la escultura, el teatro.
4. Una pintura muy grande que se encuentra a veces en las paredes de edificios.
5. Apellido de un muralista mexicano que nació en Guadalajara.
6. Una orquesta toca esto.

3 CRUCIGRAMA

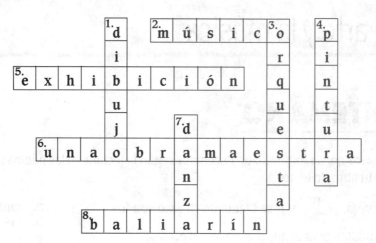

	Horizontales
2.	Un hombre que toca música se llama un _____.
5.	En un museo o una galería, es una colección pública de las obras de un artista.
6.	La Mona Lisa *(La Giocconda)* de Leonardo Da Vinci, *Guernica* de Pablo Picasso y la *Estatua de David* por Miguel Ángel son ejemplos de esto.
8.	Rudolf Nureyev y Fred Astaire son ejemplos de esta clase de artista.

	Verticales
1.	Una obra creativa, hecha con lápiz y papel.
3.	Un grupo de personas que tocan música juntos.
4.	Un retrato o un cuadro son sinónimos de esto.
7.	El vals *(waltz)*, la polka y el *square dancing* son ejemplos del _____.

4 ¿Puedes encontrar la palabra correcta? Para cada oración, escoge la palabra apropiada de la siguiente lista.

> entretenidas   intolerable   insoportable   una obra maestra
> realista   incomprensibles   formidables   creativa   de muy mal gusto

1. Es __de muy mal gusto__ criticar al artista en voz alta durante su exhibición.

2. A Lila le parece que el graffiti no es una forma de arte; le parece una creación __insoportable/intolerable__.

3. Las películas de Almodóvar son __entretenidas__; *Mujeres al borde de un ataque de nervios* me hizo reír muchísimo.

4. Yo no entiendo el arte de Picasso; me parece que sus dibujos son __incomprensibles__ porque no veo el tema claramente.

5. Cuando una pintura casi parece una foto, se dice que el estilo es __realista__.

6. Leonardo da Vinci y Van Gogh fueron artistas __formidables__. Sus pinturas son obras maestras.

7. Esta bailarina es muy __creativa__. Baila de una manera muy moderna y original.

5 Escribe las palabras que corresponden a las siguientes definiciones. Los espacios en gris (shaded) forman la solución para la última pregunta.

1.   D I S E Ñ A R

2.   P I N T U R A

3.   I N T E N T A R

4.   I M A G I N A T I V O

5.   O R I G I N A L

6.   O R Q U E S T A

7.   I N S I G N I F I C A N T E

8.   M A R A V I L L O S O

9.   P E S I M O

10.   B A I L A R I N A

11.   A N T I G U O

Pistas:
1. Un sinónimo es *crear* o *dibujar.* Lo contrario es *destruir.*
2. La creación que hace un pintor.
3. Significa "tratar de".
4. Es sinónimo de *creativo.*
5. Si uno crea una obra de arte por primera vez, esta obra es una obra _____.
6. Un grupo de músicos que tocan sus instrumentos en un concierto.
7. Si es una cosa trivial, sin valor, sin importancia, entonces es una cosa _____.
8. Otra manera de decir esto es *¡Buenísimo!* o *¡Fantástico!*
9. Lo contrario del #8.
10. Una mujer que baila.
11. Lo contrario de joven o nuevo.

Pregunta: ¿Cuál es el apellido de un famoso muralista mexicano?

Respuesta: I R I O Q E S S U ➡ **SIQUEIROS**

6 Help Gloria change the subject using the pictures indicated and the vocabulary from **Así se dice** on page 142 of your textbook.

1. **RAFAEL**   Me encanta la *Mona Lisa.*

     GLORIA

                       Answers will vary.

2. **RAFAEL**   Hay una exhibición de esculturas de Italia este mes.

     GLORIA

3. **RAFAEL** Hay un concierto de piano esta noche.

   GLORIA _____

4. **RAFAEL** Hay un programa de televisión que quiero ver esta noche.

   GLORIA _____

7 Paulina es muy pesimista. En cambio, Juanita es muy optimista. Juanita siempre contradice a Paula. Indica lo que dice Juanita en cada situación.

MODELO   PAULINA   ¡Este retrato es horrible!
                        JUANITA   Para decir la verdad lo encuentro maravilloso!

1. **PAULINA** ¡Ay! El arte moderno es insoportable!

   JUANITA **Answers will vary. ¿Qué dices? Al contrario. El arte moderno es magnífico.**

2. **PAULINA** Los artistas de la América Latina son muy convencionales.

   JUANITA **Para ser sincera, creo que son muy imaginativos.**

3. **PAULINA** El retrato de Botero es muy insignificante.

   JUANITA **¿Cómo? Ese retrato es hermoso. Es muy original.**

4. **PAULINA** ¡La música de la América Latina es pésima!

   JUANITA **Para decir la verdad, la música de la América Latina es maravillosa.**

Practice and Activity Book p. 64

98 Chapter Teaching Resources, Book 2   ¡Ven conmigo! Level 3, Chapter 6

8 Two Latin American films have been nominated for Best Picture at the Latin American Film Critics' Awards in Mexico City. Below are a number of the most influential critics' comments on each of these two movies. Decide whether each of the comments are positive, negative or indifferent. Use the results to determine which movie will take the Best Picture award.

Película: "Amor y pesos" (Uruguay)			
Comentarios de la crítica	**+**	**−**	**Indiferente**
"Los actores no eran ni buenos ni malos. Me dejó fría."			✓
"Para ser sincero, esta película me parece genial. La dirección de Juan María Beltrán es muy impresionante, lo mejor de su carrera cinematográfica. Lo admiro mucho."	✓		
"Esta película la encuentro muy creativa y sumamente entretenida. Merece un premio."	✓		
"*Amor y pesos* es un fracaso formidable. Es muy entretenida, pero sólo si quieres ver lo mala que puede ser una película. Para decir la verdad, la encuentro de mal gusto."		✓	
"Como obra de arte esta película no es ni fu ni fa. El tema es muy original, pero a fin de cuentas tengo que admitir que me deja fría."			✓
¡Una obra absolutamente pésima! ¿Cuál será el motivo del director en crear una película como ésta?		✓	

Película: "Volver a vivir" (Colombia)			
Comentarios de la crítica	**+**	**−**	**Indiferente**
"Váyase a ver esta película. Es una obra maestra, de las que no vemos más de una o dos veces cada diez años."	✓		
"Esta película es completamente incomprensible."		✓	
"La encuentro imaginativa, pero también, al mismo tiempo, un poco aburrida."			✓
"*Volver a vivir* es, más que nada, un ejemplo de cómo una obra de teatro muy importante, una vez filmada, puede resultar insignificante y superficial."		✓	
"Seguro que *Volver a vivir* va a ser un éxito de taquilla formidable: es una adaptación de la novela muy entretenida del mismo nombre, filmada en lugares muy hermosos. El problema es que los actores son insoportables y me caen gordos. No puedo recomendar esta película."		✓	

El premio para la mejor película va a ser: <u>Amor y pesos</u>

9 Imagine you're writing an editorial about a large, ultramodern mural painted on a public building in your city. Write at least eight sentences to give your opinions about the mural and indicate what should be done to improve it.

Answers will vary.

_____

_____

_____

_____

_____

_____

_____

■ ¡ADELANTE!

10 ¿Entendiste la entrevista con el cantante Luis Miguel? Con base en la entrevista con él en las páginas 148–149 de tu libro de texto, indica si cada una de las siguientes oraciones es **cierta** o **falsa**. Corrige las falsas para que sean ciertas.

_____cierto_____ 1. Luis Miguel se considera muy afortunado porque puede ganarse la vida haciendo lo que más le fascina: cantar.

_____falso_____ 2. Hablando de manías *(hangups)*, Luis Miguel dice que no tiene ninguna.
Tiene la manía del pelo y duerme como un vampiro.

_____falso_____ 3. Luis Miguel dice que la gran mayoría de los sueños que tenía de niño todavía no los ha cumplido; piensa pasar el resto de su vida tratando de lograr los sueños de su niñez *(childhood)*.
Luis Miguel ya ha cumplido muchos de sus sueños.

_____falso_____ 4. Para Luis Miguel el clima *(climate)* perfecto sería uno más bien fresco o frío.
A Luis Miguel le gustan los días en que hace mucho sol.

_____falso_____ 5. Luis Miguel dice que le gusta el ejercicio, pero sus obligaciones como cantante de pop no le permiten hacerlo.
A Luis Miguel le gusta ir a la laguna, practicar los deportes acuáticos y hacer ski.

_____cierto_____ 6. Para Luis Miguel la cantidad de horas que duerme cada noche es una cuestión bastante importante.

_____cierto_____ 7. Le gusta viajar a otros lugares y conocer a la gente porque así cada día aprende algo más.

11 Read each statement below. Write **sí** if Luis Miguel would probably make each statement, based on what you read in **¡Adelante!**. Write **no** if he would not make the statement, and write **no sé** if there is no information in **¡Adelante!** on which to base your decision.

_no sé_ 1. Tengo casas en muchos países distintos.

_sí_ 2. No quiero estar enfermo y tampoco quiero ir a un hospital.

_sí_ 3. Me encanta esquiar y estar cerca del agua.

_no_ 4. Casi nunca tengo la oportunidad de aprender cosas nuevas.

_no_ 5. Prefiero dormir menos de ocho horas por día.

■ SEGUNDO PASO

12 There are ten verb forms hidden in this puzzle. See if you can complete the statements below and then locate the verbs in the puzzle. The words are written diagonally, vertically, horizontally, right to left, and left to right.

```
R  A  N  A  D  V  V  E
P  M  O  S  U  D  E  V
G  I  I  E  L  B  A  H
N  R  A  A  I  Y  N  I
T  E  N  G  A  S  C  N
I  M  S  P  I  B  O  R
A  O  J  P  S  A  R  F
V  S  I  G  A  N  R  G
X  O  R  Z  N  E  A  T
```

1. Yo sugiero que él _____ **hable** _____ con la consejera. (hablar)

2. Lola recomienda que Uds. _____ **vean** _____ la exhibición. (ver)

3. Sugerimos que ella _____ **vaya** _____ al museo de arte. (ir)

4. Es mejor que Raúl no _____ **sea** _____ bobo con el profesor. (ser)

5. Es necesario que tú _____ **tengas** _____ paciencia. (tener)

6. Es importante que nosotros _____ **miremos** _____ la exhibición antes del viernes. (mirar)

7. Hace falta que ella me _____ **dé** _____ su número de teléfono. (dar)

8. No te conviene que Martín te _____ **traiga** _____ la acuarela a casa en la lluvia. (traer)

9. Sugiere mi mamá que Ud. _____ **corra** _____ a la tienda. (correr)

10. Les aconsejo a los estudiantes que _____ **sigan** _____ las instrucciones. (seguir)

13 Lee las cartas y contesta las preguntas que siguen.

> *Hola Xavier:*
> *Acabo de comprar dos boletos para la nueva exposición de arte en el museo de arte moderno. Me dicen que los artistas son maravillosos y que la exhibición es formidable. ¿Has pensado en verla? Me gustaría invitarte si te interesa acompañarme. Espero tu respuesta.*
> *Yvette*

> *Querida Yvette:*
> *Gracias por invitarme pero la verdad es que no puedo venir. En este momento, la pintura en que yo trabajo no está saliendo bien. No puedo salir ahora. Te sugiero que invites a mi hermano, Felipe. Sería bueno invitarle porque es escultor y sabe mucho del arte también.*
> *Xavier*

a. ¿Cierto o falso?

__f__ 1. Yvette quiere invitar a Xavier a un concierto.

__c__ 2. Felipe es artista.

__f__ 3. Xavier dice que no puede ir porque a él no le interesa el arte.

__f__ 4. Yvette dice que la exhibición es de muy mal gusto.

__f__ 5. El hermano de Xavier es bailarín.

b. Con base en las cartas que acabas de leer, termina las siguientes oraciones.

1. Xavier sugiere que Yvette...
   invite a su hermano, Felipe.

2. Yvette desea que Xavier...
   vaya al museo con ella.

3. Según Yvette, sería bueno...
   ver la exhibición porque es formidable.

4. Xavier no puede ir porque...
   tiene que trabajar en su pintura.

14 Imagine that Yvette wrote you the letter that appears in Activity 13. Now write her a letter to turn down her invitation and suggest that you get together another time.

Answers will vary.

15 Tell each of these people what they should do, using the vocabulary from **Así se dice** on page 150 of your textbook.

1. ¿Qué debe hacer Louise?

   Answers will vary. Possible answers: Le aconsejo que empiece a hacer ejercicio y que no pase tanto tiempo en frente del televisor.

2. ¿Qué recomiendas que haga Héctor?

   Le recomiendo que compre un refresco.

3. ¿Y Tony?

   Sería buena idea no comer tanto y hacer un poco de ejercicio.

4. ¿Y Laura?

   Es mejor que Laura no esté tan enojada. Le recomiendo que vaya al cine para olvidarse de sus problemas.

5. ¿Y Felipe?

   Sugiero que descanse un poco y que estudie para el examen por la mañana.

16 Lisa's parents have several suggestions and recommendations for her and she is thinking of a few for her parents. Help them to say what they feel using the words on p. 70. Conjugate the verbs to fit the response, when necessary.   **Answers will vary.**

LO QUE DICEN LOS PADRES
1.
2.
3.
4.
5.
LO QUE PIENSA LISA

17 Escribe cinco recomendaciones que tienes para Lisa después de saber lo que quieren sus padres y lo que piensa ella.

Answers will vary.

■ VAMOS A LEER

EL ARTE EN EL SIGLO XX: EL MURALISMO

El movimiento muralista cambió radicalmente la percepción de la importancia del arte en la sociedad mexicana y en la sociedad latinoamericana. Por lo general, los muralistas pensaban que el arte debía servir al pueblo, a la gente, y no a un grupo selecto o privilegiado. El arte tenía que mostrar el orgullo de los mexicanos por su país y por su historia. Dos momentos en la historia mexicana que fueron muy importantes para los muralistas fueron la Revolución de 1910 y la época precolombina. El muralismo llegó a ser un arte formidable y didáctico; es decir, enseñaba a la gente que lo miraba. Era fácil encontrarlo y conocerlo, porque los artistas pintaban en las paredes de edificios, murallas y otros lugares públicos donde la gente se reunía con frecuencia. El arte se convirtió en una manera de mostrar la conciencia social y política de la gente.

No todos los artistas latinoamericanos del siglo XX se convirtieron en muralistas, pero todos los artistas sintieron la influencia de este movimiento. Los artistas siguieron en su búsqueda de una identidad nacional y una identidad latinoamericana. El arte latinoamericano, hoy en día, es una de las mejores maneras de conocer y entender la historia, la cultura y la variedad que existe en este continente.

a. Briefly skim the article above. Then write three or four sentences in Spanish below indicating your predictions of what the reading is about. Then read the article again and make any changes needed to your original predictions.

Answers will vary. Possible answer: Es sobre los murales y los muralistas. Los murales son importantes porque nos dicen algo sobre la historia y la cultura. Hay murales en muchos edificios y lugares públicos en la América Latina.

b. Completa las frases.

1. Los muralistas creían que el arte no era para un grupo selecto; el arte era...
   Answers will vary. Possible answers: para servir a todos.

2. Es fácil ver murales porque... hay murales en muchos lugares y edificios públicos.

3. Se siente la influencia del muralismo en... el arte de todos los artistas latinoamericanos del siglo XX.

4. Podemos mirar los murales y aprender algo sobre... la historia y la cultura de los países latinoamericanos.

LA MÚSICA ES ARTE TAMBIÉN

La música es quizás una de las expresiones artísticas más importantes del mundo latinoamericano. Cada región tiene su propio baile y estilo de música, los cuales reflejan mucho de su cultura y su historia. Las tres categorías más conocidas de la música latina son la salsa, el merengue y la samba.

La salsa es un ritmo popular del Caribe que demuestra mucha influencia de la música afro-americana. La salsa es una mezcla de los ritmos caribeños (el mambo, la guaracha y el son) y el jazz de los Estados Unidos.

El merengue viene directamente de la República Dominicana pero también demuestra la influencia de los ritmos africanos. Al principio, era la música de la gente común pero hoy en día todo el mundo disfruta de ella.

La samba tiene mucha influencia de la música de Africa y del Brasil. La palabra samba probablemente vino de una palabra africana s*emba* que en portugués se traduce como *umbigada,* que literalmente significa "un golpe del ombligo". Esto se refiere al movimiento del cuerpo cuando uno escucha y baila la samba.

a. ¿Cierto o falso? Si es falso, corrígelo.

1. Hay influencias de la música de los Estados Unidos en la salsa.
   cierto

2. Se siente en el merengue la influencia de la música africana.
   cierto

3. La palabra **samba** viene probablemente de una palabra francesa.
   falso. Probablemente viene de una palabra africana.

4. Se notan en la salsa, el merengue, y la samba la influencia de varias culturas.
   cierto

b. Music and culture are very closely related. Our culture influences the type of music we listen to. In turn, the music we listen to influences our culture. What kind of music reflects your history and culture? What kinds of music represent your community or area especially well?
   Answers will vary.

_____

_____

_____

_____

_____

Practice and Activity Book p. 72

106 Chapter Teaching Resources, Book 2

¡Ven conmigo! Level 3, Chapter 6

HRW material copyrighted under notice appearing earlier in this work.

■ VAMOS A LEER

3 A los detalles

1. La habitación de un mesón en una hamaca.
2. El dueño del mesón.
3. Un hombre desconocido. Lo amenazó con un cuchillo.
4. Un ramo de ojos azules para su novia.
5. Huyó del pueblo.

4 Vamos a comprenderlo bien

1. No. No sabe que no hay alumbrado por las noches, por ejemplo.
2. Hace calor. El personaje principal despierta sudando y tiene que usar una toalla empapada con agua para refrescarse.
3. *Answers will vary.*
4. *Answers will vary.*
5. *Answers will vary.*

5 Barrio ortográfico: los puntos suspensivos y la diéresis

A.
1. cuando...
2. bien...
3. que...
4. mapas...
5. sueño [...]

B.
1. vergüenza
2. cigüeña
3. agüero
4. pingüino
5. güeras

6 Esquina gramatical: el perfecto del indicativo y del subjuntivo

1. S se comunique
2. I ha escrito
3. I han cubierto
4. S haya obtenido
5. S haya perdido

■ VAMOS A ESCRIBIR

7   *Answers will vary.*

■ VAMOS A CONOCERNOS

8 A escuchar

Answers will vary.

9 A pensar

Answers will vary.

10 Así lo decimos nosotros

1. d
2. j
3. e
4. c
5. b
6. f
7. i
8. a
9. g
10. h

■ VAMOS A CONVERSAR

11   *Answers will vary.*

CAPÍTULO 7

Dime con quién andas

RESOURCES

CAPÍTULO 7

Dime con quién andas

Chapter Teaching Resources Correlation Chart

RESOURCES	**Print**	**Audiovisual**

De antemano
Practice and Activity Book, p. 73..Textbook Audiocassette 4A/Audio CD 7
—Answers: Chapter Teaching Resources, Book 2, p. 149

Primer paso
Chapter Teaching Resources, Book 2
- Communicative Activities 7-1, 7-2, pp. 111–112
- Teaching Transparency Master 7-1, pp. 115, 117 ....Teaching Transparency 7-1
- Additional Listening Activities 7-1, 7-2, 7-3, pp. 118–119 ...Additional Listening Activities, Audiocassette
  —Scripts, p. 142; Answers, p. 144   10A/Audio CD 7
- Realia 7-1, pp. 122, 124
- Situation Cards 7-1, pp. 125–126
- Student Response Forms, pp. 127–128
- Quiz 7-1, pp. 129–130 ....Assessment Items, Audiocassette 8A/Audio CD 7
  —Scripts, p. 145; Answers, p. 146
Practice and Activity Book, pp. 74–77
  —Answers: Chapter Teaching Resources, Book 2, pp. 150–153
Native Speaker Activity Book, pp. 31–35
  —Answers: Chapter Teaching Resources, Book 2, pp. 161–162

¡Adelante!
Practice and Activity Book, p. 78..Textbook Audiocassette 4A/Audio CD 7
—Answers: Chapter Teaching Resources, Book 2, p. 154

Segundo paso
Chapter Teaching Resources, Book 2
- Communicative Activities 7-3, 7-4, pp. 113–114
- Teaching Transparency Master 7-2, pp. 116, 117 ....Teaching Transparency 7-2
- Additional Listening Activities 7-4, 7-5, 7-6, pp. 119–120 ...Additional Listening Activities, Audiocassette
  —Scripts, p. 143; Answers, p. 144   10A/Audio CD 7
- Realia 7-2, pp. 123, 124
- Situation Cards 7-2, 7-3, pp. 125–126
- Student Response Forms, pp. 127–128
- Quiz 7-2, pp. 131–132 ....Assessment Items, Audiocassette 8A/Audio CD 7
  —Scripts, p. 145; Answers, p. 146
Practice and Activity Book, pp. 79–82
  —Answers: Chapter Teaching Resources, Book 2, pp. 155–158
Native Speaker Activity Book, pp. 31–35
  —Answers: Chapter Teaching Resources, Book 2, pp. 161–162
Video Guide ....Video Program, Videocassette 1

ASSESSMENT

Paso Quizzes
- Chapter Teaching Resources, Book 2
  Quizzes pp. 129–132
  Scripts and answers pp. 145–146
- Assessment Items, Audiocassette 8A/Audio CD 7

Portfolio Assessment
- Assessment Guide, pp. 2–13, 20

Chapter Test
- Chapter Teaching Resources, Book 2, pp. 133–138
  Test score sheets, pp. 139–140
  Test scripts and answers, pp. 147–148
- Assessment Guide, Speaking Test, p. 31
- Assessment Items, Audiocassette 8A/Audio CD 7

Test Generator, Chapter 7

Communicative Activities 7-1A and 7-2A

7-1A You and your partner are gathering information for an upcoming feature article in the student newspaper. Each of you has interviewed students on the topic of relationships. You have collected some information and your partner has collected the rest. Exchange information with your partner and complete the chart below.

¿Estás contento(a) con...?

	tu novio(a)	tus amigos(as)	tus padres
José			
Thomas	Me alegro que tenga un buen sentido del humor. He encontrado a la novia de mis sueños.	Estoy desilusionado. Han dejado de hablarme porque dicen que siempre estoy con mi novia.	Me alegro que ellos permitan que venga mi novia a visitarme.
Clarice			
Sandra	Estoy muy desilusionada. No tengo novio.	Estoy encantada de que siempre pueda confiar en ellas. No sé que haría sin ellas.	Me duele mucho que se vayan a divorciar. Ya no tienen tiempo para mí.

7-2A First, fill in the chart with what you would say to comfort someone in each of the situations. Next, ask your partner to share his or her responses with you. How do your answers compare?

1 Un amigo te dice que está desilusionado porque piensa que alguien ha iniciado rumores sobre él.

2 Una amiga te dice que acaba de recibir la noticia de que su abuela se murió esta mañana.

3 Un amigo te dice que está frustrado porque no va a aprobar la clase de español.

4 Una amiga te dice que su padre se quedó sin trabajo y su familia se va a otra ciudad.

1	
2	
3	
4	

CAPÍTULO 7

Communicative Activities 7-1 B and 7-2 B

7-1 B You and your partner are gathering information for an upcoming feature article in the student newspaper. Each of you has interviewed students on the topic of relationships. You have collected some information and your partner has collected the rest. Exchange information with your partner and complete the chart below.

¿Estás contento(a) con...?

	tu novio(a)	tus amigo(a)s	tus padres
José	Estoy dolido. Me deja plantado muchas veces. Sé que va a romper conmigo.	Estoy contento. Puedo confiar en ellos.	Estoy frustrado. Me frustra que no me comprendan y no me permitan salir con mis amigos.
Thomas			
Clarice	¡Estoy en la gloria! Es un gran tipo y es muy guapo.	Me duele mucho que no me llamen.	Estoy contenta. Me comprenden y hablan de todo conmigo.
Sandra			

7-2 B First, fill in the chart with what you would say to comfort someone in each of the situations. Next, ask your partner to share his or her responses with you. How do your answers compare?

1 Un amigo te dice que está desilusionado porque piensa que alguien ha iniciado rumores sobre él.	**2** Una amiga te dice que acaba de recibir la noticia de que su abuela se murió esta mañana.	**3** Un amigo te dice que está frustrado porque no va a aprobar la clase de español.	**4** Una amiga te dice que su padre se quedó sin trabajo y su familia se va a otra ciudad.

1		
2		
3		
4		

Communicative Activities 7-3A and 7-4A

7-3A You and your partner work for a greeting card company, creating messages and greetings for cards for special occasions. Read the following situations aloud and ask your partner to suggest an appropriate message for each occasion.

Situación	Mensaje
Un chico no respetó los sentimientos de su novia. La dejó plantada una vez.	
Una chica insultó a su amiga. Se pelearon y ya no se hablan.	
Un matrimonio quiere felicitar a su hija en el día de su graduación de la secundaria.	
Un chico le fue desleal a un amigo; no guardó sus secretos. El amigo ya no confía en él.	
Una chica se arrepiente de (*regrets*) haber roto con su novio. Se han peleado y ya no se hablan.	

Now listen as your partner reads aloud another set of situations. For each situation, choose the most appropriate message from those below.

Lo siento mucho, mi cielo. ¿Cómo se me pudo olvidar el día más importante de mi vida?
Discúlpame. Lo hice sin querer. Quiero que todo vuelva a ser como antes.
¡Estoy en la gloria! Estamos juntos de nuevo.
Entiendo cómo te sientes. ¿Por qué no discutimos un poco más el problema?
Perdóname, querido. No puedo vivir sin ti.

7-4A You and your partner are psychologists investigating what people would say in various personal conflicts. You have each interviewed one person. Exchange information with your partner by answering your partner's questions from the chart about your interviewee. Then ask about your partner's interviewee.

Conflicto 1: Tú y tu amigo(a) se pelearon porque tú iniciaste un rumor sobre él (ella).
Conflicto 2: Tu novio(a) ha roto contigo porque has sido infiel.
Conflicto 3: Quieres romper con tu novio(a).

	Conflicto 1	Conflicto 2	Conflicto 3
Mona	Discúlpame. Yo se lo dije a sólo una persona. Ella me prometió no decírselo a nadie. No lo volveré a hacer.	No puedo echarle la culpa a nadie. Lo siento mucho.	Yo siento que tú no respetas mis sentimientos. Nos peleamos frecuentemente. Quiero romper contigo, pero necesito darme tiempo para pensar.
Geraldo			

CAPÍTULO 7

Communicative Activities 7-3B and 7-4B

7-3B You and your partner work for a greeting card company, creating messages and greetings for cards for special occasions. Listen as your partner reads you a set of situations. For each situation, choose the most appropriate message from those below.

> Amigo mío, quiero que vuelvas a confiar en mí.
> Mi amor, me di tiempo para pensar. No quiero que termine lo nuestro.
> Créeme, mi amor. Lo hice sin querer.
> Discúlpame. Nuestra amistad es más fuerte que una mentira estúpida.
> ¡Estamos tan orgullosos de ti! Te deseamos mucha suerte en el porvenir!

Now read the following situations aloud and ask your partner to suggest an appropriate message for each occasion.

Situación	Mensaje
Una chica insultó a su amiga. Se pelearon y ya no se hablan.	
A un marido se le olvidó el aniversario de su boda. Su esposa está muy dolida.	
Un chico sabe que una amiga suya está enojada con él pero no sabe por qué.	
Una chica rompió con su novio pero quiere reconciliarse con él.	
Un chico se alegra de que su novia y él se hayan reconciliado después de pelearse.	

7-4B You and your partner are psychologists investigating what people would say in various personal conflicts. You have each interviewed one person. Complete the chart below, exchanging information with your partner by asking about his or her interviewee. Then answer your partner's questions about your interviewee.

Conflicto 1: Tú y tu amigo(a) se pelearon porque tú iniciaste un rumor sobre él (ella).
Conflicto 2: Tu novio(a) ha roto contigo porque has sido infiel.
Conflicto 3: Quieres romper con tu novio(a).

	Conflicto 1	Conflicto 2	Conflicto 3
Mona			
Geraldo	Perdóname. Lo siento mucho. No sabía que no podía confiar en él. Confieso mi falta.	Lo hice sin querer. Necesitamos discutir este problema y tratar de resolverlo.	Necesito decirte algo. Conocí a una chica durante las vacaciones. Lo hice sin querer, pero estoy enamorado de ella.

Teaching Transparency Master 7-2

Teaching Transparency 7-1

1. **Listening:** Describe the mental state of one or both of the two friends in any one of the photos shown. Have your students indicate, by naming the year, which photo you are referring to. For example: —**En esta foto estamos tú y yo en la gloria, ¿verdad? Y a la vez, nos dan ganas de llorar. Siempre es así en esas cosas, ¿no te parece? (1936: El día de la graduación)**

2. **Writing/Speaking/Pair work:** Have students work in pairs. First they should choose one of the photographs and create a dialogue (using the present tense) between the two ladies in the transparency about what's happening in the photo, how they feel, and why. You may wish to have students act out their dialogues in front of the class.

3. **Writing/Speaking/Group work:** Tell students to imagine that they are lifelong friends of the two ladies. What would they have said to them in each of the occasions shown in the photographs (this includes phrases for comforting someone as well as other phrases)?

4. **Writing:** Using the events depicted in the photos, have students use the imperfect and preterite to write a short "biography" of the two friends and their friendship.

Teaching Transparency 7-2

1. **Speaking/Group work:** Ask students to work in groups of three or four to see if they can identify the progression of events in each column. Do they notice anything interesting? Ask students if they have ever found themselves in a situation similar to any one of those depicted in the drawings. Have them identify the situation and explain what happened in each case.

2. **Writing/Pair work:** Have students work in pairs to brainstorm all the possible apologies that could be used to avert the conflicts shown on the bottom row of the transparency and write them on the board or on a transparency. Have students create a chart in which they list each problem and a possible solution for each of the scenes on the transparency under the headings **El problema** and **La solución**.

3. **Speaking/Writing:** Based on the three scenes in each column, have students create a story about what has happened. Have them use their imaginations and add humor whenever possible.

4. **Listening:** Create captions for several of the illustrations and have students identify the illustrations you're describing based on what you say.
   —**Lo hice sin querer. Discúlpame, mamá.**

Additional Listening Activities

PRIMER PASO

7-1 Listen as Delia records her voice-journal entries and then answer the following questions.

1. What important news did Delia receive yesterday?
   a. She was rejected by the university.
   b. She failed her engineering test.
   c. She was accepted by the university.

2. How does Delia's friend Ana feel about Delia's news?
   a. happy
   b. upset
   c. proud

3. How do Delia's parents feel about her?
   a. disappointed
   b. proud
   c. unhappy

4. Why is Delia disappointed?
   a. Because her cousin Mariana can't come to her graduation.
   b. Because her cousin Mariana hasn't been able to call.
   c. Because her aunt Alicia can't come to her graduation.

7-2 Carolina and Amalia are having a phone conversation about their friends at school. Listen to their conversation and check if each person they talk about feels happy or unhappy.

Feliz	Nombre	Triste
	Jorge	
	Javier	
	Maribel	
	Francisco	

CAPÍTULO 7

Additional Listening Activities

7-3 Listen to the following brief conversations. For each one, decide if the person answering is being sympathetic or not. If the person is not being sympathetic, indicate which response on your answer sheet would be more comforting.

	Sympathetic	Unsympathetic	Better response
1.			
2.			
3.			
4.			
5.			

    a. Mi más sentido pésame. ¿Cuándo murió tu amiga?
    b. No te preocupes. La próxima vez tu equipo va a ganar.
    c. Lo siento mucho. ¿Has discutido el problema con ella?

■ SEGUNDO PASO

7-4 **Doctora Sara** is a counselor who gives advice to couples who are having problems with their relationships. Listen to the following session between her and a young couple. Based on what you hear, answer the questions on your answer sheet.

  1. Mariana believes _____.
    a. Roberto has never been unfaithful to her
    b. Roberto was being unfaithful to her
    c. Roberto is angry with her

  2. Mariana doubts Roberto's truthfulness because _____.
    a. he always insults her
    b. he won't keep her secrets
    c. he always stops talking and hangs up the phone when she walks in

  3. The truth of the matter is that _____.
    a. Roberto was planning a surprise party for Mariana
    b. Roberto was planning a surprise party for his sister
    c. Roberto wants to break up with Mariana

Additional Listening Activities

7-5 Claudia is criticizing everyone in her family for things they have or haven't done. Listen to her conversations with some of her family members and indicate on your answer sheet if each person is graciously accepting the blame or trying to blame someone else.

admite el error		le echa la culpa a otro
	Julio	
	Anita	
	Toño	
	Juan	
	Juana	

7-6 Listen to the following conversations and check if the second person is comforting someone, making an apology, or neither.

	Comforting	Apologizing	Neither
1.			
2.			
3.			
4.			
5.			
6.			

POEM

Rubén Darío (1867–1916) was born in Nicaragua, but during his lifetime he lived in many Spanish-speaking countries. In every one of these countries, his writing signaled the beginning of a spiritual and intellectual revolution. His poetry is cosmopolitan, incorporating elements from different cultures. Especially evident in his poetry is the influence of French language and culture. This poem exemplifies Darío's love of profoundly human themes. In it, he describes the sense of loss that comes with advancing age as he reminisces about past loves. The verses that follow have been excerpted from *Cantos de vida y esperanza*, first published in 1905.

Canción de otoño en primavera

Juventud, divino tesoro,
¡ya te vas para no volver!
Cuando quiero llorar no lloro. . .
y a veces lloro sin querer. . .

Plural ha sido la celeste
historia de mi corazón.
Era una dulce niña, en este
mundo de duelo y aflicción.

Miraba como el alba pura;
sonreía como una flor.
Era su cabellera obscura
hecha de noche y de dolor.

Yo era tímido como un niño.
Ella, naturalmente, fue,
para mi amor hecho de armiño,
Herodías y Salomé. . .

Juventud, divino tesoro,
¡ya te vas para no volver!. . .
Cuando quiero llorar, no lloro,
y a veces lloro sin querer. . .

This poem is recorded on *Audio CD 7* and also on *Audiocassette 11: Songs*. Although it is presented in this chapter, it can be used at any time.

CAPÍTULO 7

Realia 7-1

Buenos Aires
15 de marzo, 1996

Querido Alberto,

No sé qué hacer. Me siento tan solo y vos sos el único amigo verdadero que tengo, espero que me podás ayudar a resolver este problema. Ya sabés que quiero mucho a mi hermano Mauricio. Él tiene cuatro años más que yo y estudia biología aquí en la Universidad. Siempre lo he respetado, él era mi mejor amigo y contaba con su apoyo y sus consejos en todo. Pues, él me ha decepcionado gravemente y no sé si podremos recuperar nuestra amistad.

El jueves de la semana pasada nos dejaron salir temprano del colegio. Tenía muchas ganas de llegar a casa porque Mauricio estaba de vacaciones e íbamos a ir al parque a jugar al fútbol. Ya sabés que para entrar en nuestro edificio, tenés que pasar por debajo de las ventanas de nuestro apartamento. Pues aquel día al pasar por allí escuché a Mauricio hablando en voz baja; hacía un cumplido—parecía a una chica—y entonces la chica le respondió. Al escuchar esa voz dulce y tímida reconocí que hablaba Cristina, mi novia desde hace dos años.

La sangre se me congeló en las venas y me quedé unos instantes sin poder moverme del lugar. Entonces me desperté como de un sueño y subí corriendo, casi volando, al apartamento. La puerta la habían dejado abierta y al entrar vi a Cristina y Mauricio en la cocina. Los dos estaban sentados a la mesa, cogidos de la mano, mirándose fijamente. Parecían enamorados.

Al verme entrar, los dos se levantaron de la mesa y se quedaron mirándome con cara de asustados. Sin dirigirles ni una palabra les di la espalda y me encerré en mi recámara.

Han pasado ahora seis días desde que sufrí la gran desilusión de mi vida. No tengo ganas de comer ni de dormir. Salgo por la mañana de la casa pero no voy a mis clases. Camino por las calles de mi barrio y paso horas sentado en un banco. En casa por la tarde no hablo casi con nadie. Mi pobre madre está sobrecargada con trabajo en la tienda y Pedro, mi padrastro, no hace más que mirar la televisión. Un par de veces Mauricio intentó hablarme pero yo no quiero hablar con él. También me llamó Cristina y tampoco le hablé. Ayudame, pues, amigo. Tengo miedo, no sabés cuánto me cuesta vivir cada día con este dolor insoportable. Escribime pronto.

Tu amigo,

Mariano

Felicitaciones, Viviana,
Estamos muy orgullosos de que te
hayas graduado de Licenciada en
Administración de Empresas.
Tus padres, hermano y abuelos.

1.

Petición de mano
Fue formalmente pedida
en matrimonio Lidia
Santoro Ibarra, quien
enlazará su vida a la del
ingeniero Héctor
Escobar Marchisano. El
enlace nupcial tendrá veri-
ficativo en el Templo de
la Divina Providencia
el 30 de abril.

3.

La casa editorial Julio de la
Barca se une a la pena de la
familia Crespi por el falle-
cimiento de su querido hijo
Luis Ernesto Crespi Moncloa
(q.e.p.d.). Les ofrecemos nuestro más profundo pésame.

2.

Patricia Renzini de
Nieva (q.e.p.d.) falleció
el 17 de diciembre de
1994. Siempre vivirás en
el corazón de tu esposo,
tus hijos y tus nietos que
te aman.

4.

Se busca secretario/a que tenga excelente mecanografía, buena presencia y
que sea completamente bilingüe (inglés
y español). Interesados llamar al
73-26-03

5.

CAPÍTULO 7

Realia 7-1: Mariano's letter to Alberto

1. **Reading:** Have students read through the letter, underlining all the words they don't know. Then have them reread the letter, skipping over the words they have underlined. Can they tell what the letter is about? (What is Mariano's problem? How does he feel about it? Why is he turning to Alberto?) If some unfamiliar words are interfering with their understanding, they may look them up in a dictionary, but they should look up as few words as possible. Remind students that Mariano is from Argentina, so he uses **vos** instead of **tú**, although this should not impede comprehension.

2. **Writing/Group work:** Have students work in groups of three to write Alberto's response to Mariano's letter. In their letters, they should be able to use functional expressions for expressing unhappiness and for comforting someone, as well as recycled expressions for giving advice.

3. **Listening:** Choose a few student volunteers to read their letters (from the above writing activity) to the class. You may wish to write a few notes on the board summarizing the advice given in each response. After the volunteers have read their letters, the class discusses which advice they think is most sound.

4. **Speaking/Pair work:** Have your students work in pairs. One student plays the role of Mariano and the other plays the role of his disloyal friend Mauricio. Using functional expressions from both the first and second **pasos**, students playing the role of Mariano should express their unhappiness, while students playing the role of Mauricio should apologize. Have students try to come to an amicable solution to the problem.

Realia 7-2: Newspaper clippings

1. **Reading/Pair work:** Have students read over the first four newspaper clippings. Ask them to decide which announcements would call for sympathy and which would call for congratulations. Ask them if they have seen similar types of announcements in their local newspapers. Then ask them to read the fifth clipping and to discuss the requirements for that position.

2. **Listening:** Prepare a list of some of the phrases expressing sympathy or congratulations from the chapter. As you read them aloud to the class, ask students to tell you for which announcement or announcements it would be appropriate.

3. **Speaking/Pair work:** Divide the class into pairs. Have students create a conversation based on one of the announcements. Their conversation should include condolences or congratulations, according to the type of announcement chosen.

4. **Speaking/Pair work:** Have students role-play the following situation: One student has just learned that the other just got the secretarial job advertised in the clipping. The problem is that the first student had also applied for the position and is upset that his or her friend got the job. The second student then apologizes to the first.

5. **Writing/Group work:** Have students work in groups of three or four in order to write a short note to one or more of the people in clippings 1, 2, 3, or 4. The note should express congratulations or comfort and sympathy, as appropriate.

Situation Cards 7-1, 7-2, 7-3: Interview

Situation 7-1: Interview

Imagine that you will be graduating from high school in a week.
A good friend of yours wants to know how you, your friends,
and family feel about it. How would you answer your friend's
questions?

**¿Te alegras de saber que pronto terminarás el colegio,
o te dan ganas de llorar?**

¿Te duele que puedas perder algunas amistades?

¿Estás orgulloso(a) de lo que has logrado *(achieved)* **en
el colegio?**

¿Están contentos tus padres?

¿Cómo se sienten los amigos que dejas?

Situation 7-2: Interview

You have a reputation among your friends as someone to lean on
when things are bad. How would you respond to each of the following comments made to you by different friends?

**Mi novio(a) rompió conmigo anoche. Estoy muy
dolido(a).**

**¡Estoy muy desilusionado(a)! Creo que voy a sacarme
una nota muy mala en ciencias.**

Nuestra gata se murió ayer. Me dan ganas de llorar.

**Me duele mucho que Silvia y yo hayamos dejado de
hablarnos. Ella cree que no guardo sus secretos.**

Situation 7-3: Interview

Imagine you have loaned a very special book from your parents
to a friend and later find out your friend has lost it . You feel hurt
he or she didn't tell you. A week later your friend calls to apologize. How would you answer the following questions?

Lo hice sin querer. ¿Me perdonas?

Lo siento mucho. ¿Quieres discutir la situación?

¿Estás dolido(a) de que no te haya llamado antes?

¿Quieres romper conmigo?

¿Quieres que te dé tiempo para pensar?

Situation Cards 7-1, 7-2, 7-3: Role-play

Situation 7-1: Role-play

Student A Your boyfriend or girlfriend has just broken up with you and you're having a tough time getting over it. Tell **Student B** that you feel hurt, are having difficulty trusting others, and are rather disappointed.

Student B You have gone through the same thing **Student A** has and are the perfect person to comfort **Student A**. Encourage **Student A** and let him or her know that with time all these feelings will pass.

estoy dolido(a)   confiar en   estoy desilusionado(a)
¡ánimo!   esto pasará pronto

Situation 7-2: Role-play

Student A You find out your best friend, **Student B**, has been gossiping about you at school. Tell **Student B** it hurts you that he or she has been disloyal to you and find out why this has happened.

Student B Tell **Student A** how sorry you are and apologize for spreading rumors about him or her. Tell **Student A** you won't do it again, then ask for forgiveness.

me duele que   desleal   lo siento mucho
iniciar un rumor   no lo volveré a hacer
perdóname

Situation 7-3: Role-play

Student A Imagine **Student B** is your little brother, who has just taken your yearbook and colored all over it with permanent markers! Tell **Student B** you feel like crying and are very disappointed he has not respected your things.

Student B Tell **Student A** you didn't know and that you won't do it again. Say you're unhappy that you have made **Student A** so upset.

me dan ganas de llorar   me duele mucho que
respetar   es que no sabía   enfadado(a)

6 ¡Qué alegría! p. 171

Mira las fotos en la página 171 de tu libro de texto. Escucha los siguientes diálogos e indica qué foto corresponde a cada diálogo. Hay un diálogo que no corresponde a ninguna foto.

1. _____   2. _____   3. _____   4. _____   5. _____

11 Escucha bien p. 173

Escucha las frases e indica si cada frase que oyes es **lógica** o **ilógica**.

	LÓGICA	ILÓGICA
1.		
2.		
3.		
4.		
5.		

13 Ignacio y Katrin p. 174

Escucha lo que dice Katrin y luego completa las frases.

1. A Katrin le frustra que... _____

   _____

2. Su amiga Rebeca le... _____

   _____

3. Katrin admite que... _____

   _____

4. Duda que Ignacio... _____

   _____

5. Por eso Katrin... _____

   _____

CAPÍTULO 7

❖ Student Response Forms

18 Lo que debes hacer es... p. 176

Marta le da consejos a su amigo Rafael, que tiene un conflicto personal con otro amigo. Escucha cada consejo e indica si es bueno o no según la información de **¡Adelante!**

	Sí	No
1.		
2.		
3.		
4.		
5.		

23 ¿Cómo contestas? p. 179

Escucha cada diálogo e indica si oyes una disculpa o una expresión de consuelo.

	Disculpa	Expresión de consuelo
1.		
2.		
3.		
4.		
5.		

28 Busco... p. 182

Escucha lo que dice cada persona. Si habla de alguien que existe con certeza *(certainty)*, escribe **sí**. Escribe **no** si habla de algo que no existe o si no se sabe si existe o no.

1. _____   2. _____   3. _____   4. _____   5. _____

Repaso Activity 1 p. 188

Escucha lo que dice cada persona y responde con una expresión apropiada de felicidad, desilusión, consuelo o disculpa.

1. _____

2. _____

3. _____

4. _____

5. _____

CAPÍTULO 7

CAPÍTULO

7

Dime con quién andas

■ PRIMER PASO

Maximum Score: 50

I. Listening

A. Señora Mendoza is writing a letter to her daughter Berta, who is attending high school in the United States. Listen as Señora Mendoza updates Berta about what's going on with the family, and mark with a check whether each person in the family is happy or unhappy. (10 points)

Feliz		Infeliz
	1. Sra. Mendoza	
	2. Paco	
	3. Elena	
	4. Los tíos	
	5. Papá	

SCORE [   ]

II. Reading

B. Your friend Martín has been having a rough time of it the past few weeks. Read his letter, then answer the questions that follow. (10 points)

Hola,
    Ojalá que todo te haya ido bien. Últimamente a mí todo me sale mal. La mala suerte empezó la semana pasada cuando mi gata Gaucha se murió. Ya era muy vieja, pero es triste perder a una amiga tan leal como ella. Cuando pienso en ella me dan ganas de llorar. La "amistad" que tenía con mi gata era incondi-cional, ¿sabes? Bueno, dos días después, Susana (mi novia) y yo nos peleamos y dejamos de hablarnos. No nos hemos reconciliado todavía, y hace una semana que no nos hablamos. Para colmo, el lunes supe que mi amigo Daniel les dijo a varios amigos que Susana y yo ya no éramos novios. Tengo miedo que varios chicos ya hayan llamado a Susana para pedirle una cita. Me duele que un amigo mío no me apoye como se debe y que chismee sobre mi caso. Total que me siento bastante frustrado con mi vida ahora. Bueno, escríbeme pronto.
                                                        Un saludo,
                                                        Martín

_____ 6. What sentence would Martín most likely use to sum up how he feels lately?
  a. ¡Estoy en la gloria!
  b. Estoy orgulloso de mis amigos y de mi novia.
  c. Estoy muy decepcionado.

_____ 7. If you could send Martín only one sentence as a response to his letter, which of the following would be most appropriate?
  a. ¿Qué puedo hacer por ti?
  b. Estoy encantado(a) que te vaya tan mal.
  c. Estoy contento(a).

CAPÍTULO 7

Quiz 7-1

_____ 8. Which of the following would be the best thing to say to Martín concerning Gaucha?
   a. Me alegro de que Gaucha esté mejor.   c. Estoy desilusionado(a).
   b. Mi más sentido pésame.

_____ 9. Which is the **least** appropriate thing to say to Martín concerning the situation between Susana and him?
   a. No te preocupes. No hay mal que cien años dure.
   b. Me frustra que Susana confíe en ti.
   c. Ánimo. Esto pasará pronto.

_____ 10. Which is the **most** appropriate thing to say to Martín about the situation between Daniel and him?
   a. Ánimo. ¿Por qué no se pelean tú y Daniel?
   b. No te preocupes. Estoy orgulloso de él.
   c. Siento que tú y Daniel hayan tenido un malentendido.

SCORE [   ]

III. Writing

C. Read the following situations. For the first two situations, write sentences to tell how you feel. For the second two situations, write what you would say to comfort each person. (20 points)

11. You just got back your 20-page research paper with the grade of A+.

   _____

12. You've been waiting all day for a phone call that hasn't arrived.

   _____

13. A close relative of a good friend has died.

   _____

14. A friend of yours is upset after breaking up with her boyfriend.

   _____

SCORE [   ]

IV. Culture

D. Complete the following sentences with the appropriate cultural information from this chapter. (10 points)

15. En lugar de **tú,** los argentinos usan la forma _____.

16. Los cafés de Buenos Aires se llaman _____.

SCORE [   ]

TOTAL SCORE [   ] /50

CAPÍTULO 7

CAPÍTULO 7

Dime con quién andas

■ SEGUNDO PASO

I. Listening

A. Carlos forgot his girlfriend's birthday. Listen as Carlos tells his friends Tito, Sofía, and Paco about his problem and fill in the chart with each person's advice as to what Carlos should buy her and say to her. (12 points)

"Perdóname"	tarjeta	"Discúlpame"
caja de chocolates	"Lo siento mucho"	flores

	¿Qué debe comprarle?	¿Qué debe decirle?
1. Tito		
2. Sofía		
3. Paco		

SCORE _____

II. Reading

B. Chuy's friends have left him a number of notes in his locker today. If you were Chuy, what would you say to each person? For each note, choose the most appropriate response. (8 points)

_____ 4. Chuy, ¿por qué le dijiste a Juanita que yo quería salir con ella? Todavía no estoy listo para pedirle una cita, pero ella ya me está esperando. Confiaba en ti, ¡pero fuiste desleal! —**Mario**
  a. ¡No me eches la culpa a mí! Lo hice sin querer.
  b. No respeté tus sentimientos. Discúlpame.

_____ 5. Chuy, ¡eres un sinvergüenza (jerk)! Ayer fue nuestro aniversario y se te olvidó. Lo único que hiciste fue comprarme una galleta durante la hora de almorzar. Dos meses de salir contigo, y me insultas así. Pienso romper contigo. —**Rosa**
  a. Me duele mucho que pienses romper conmigo. ¿Me has sido infiel o qué?
  b. Perdóname, ya sabes que soy distraído. No lo haré más.

_____ 6. Chuy, te presté mi calculadora porque pensaba que podía confiar en ti. Evidentemente no puedo. ¡Ya no funciona, y me la devolviste sin decirme nada! —**Luis**
  a. Lo siento mucho, lo hice sin querer. Te compraré otra.
  b. Discúlpame, pero me duele mucho que no confíes en mí.

Quiz 7-2

_____ **7.** Chuy, me duele muchísimo que me hayas mentido. Me dijiste que Mario se interesaba por mí, pero él no quiere ni saludarme. ¿Por qué no respetas los sentimientos de las otras personas? No te entiendo. —**Juanita**
   a. Lo siento, Juanita. Ha sido un malentendido. ¿Podemos discutir el problema?
   b. No admito mi error porque no te mentí. Échale la culpa a otro.

SCORE [   ]

III. Writing

C. Imagine you're helping your boss write the job requirements for new jobs within your department. Complete each sentence logically. (20 points)

8. Buscamos un secretario que

_____.

9. Todos nuestros empleados llegan temprano. No queremos a nadie que

_____.

10. Tenemos muchos clientes en Hispanoamérica. Necesitamos personas que

_____.

11. Necesitamos una buena recepcionista. Buscamos a alguien que

_____.

12. No queremos personas flojas. No hay nadie aquí que

_____.

SCORE [   ]

IV. Culture

D. Complete the following sentences with cultural information from this chapter. (10 points)

13. La _____ es una asociación de 35 países, incluyendo los Estados Unidos y el Canadá.

14. El deporte más popular de la Argentina es _____ .

SCORE [   ]

TOTAL SCORE [   ] /50

CUMULATIVE SCORE FOR QUIZZES 1–2 [   ] /100

CAPÍTULO 7

CAPÍTULO 7

Dime con quién andas

I. Listening

Maximum Score: 28 points

A. Listen to the conversation between Manolo and Lorenzo. Then answer the questions on your answer sheet. (20 points)

_____ 1. Manolo and Lorenzo are talking about _____.
    a. vacations   **b.** school politics   **c.** good party spots

_____ 2. Manolo feels _____.
    a. happy   **b.** unhappy   **c.** indifferent

_____ 3. Lorenzo feels _____.
    a. happy   **b.** unhappy   **c.** proud

_____ 4. Manolo _____ the election results.
    a. likes   **b.** dislikes   **c.** hasn't heard

_____ 5. According to Lorenzo, the main thing student body presidents do is _____.
    a. community service   **b.** try to get re-elected   **c.** organize social events

_____ 6. Lorenzo thinks the student body president should focus more on _____.
    a. community service   **b.** cafeteria food   **c.** sporting events

_____ 7. Manolo's and Lorenzo's _____ will never agree.
    a. views on sports   **b.** tastes in food   **c.** political views

_____ 8. Manolo and Lorenzo decide to _____.
    a. end their friendship   **b.** go to the movies   **c.** run for office

_____ 9. Manolo would probably prefer going to _____.
    a. a party   **b.** an ecology conference   **c.** a community service conference

_____ 10. Lorenzo is concerned about _____.
    a. getting elected   **b.** community service   **c.** cafeteria food   SCORE [ ]

B. Listen to a call-in radio show as señorita Sol gives advice to callers. Then match each solution with the person it's intended for.

_____ 11. Lidia   **a.** Dese tiempo para pensar.

_____ 12. Raúl   **b.** Rompa con él.

_____ 13. Marcos   **c.** Cómprele un regalo.

_____ 14. Juan   **d.** Respete los sentimientos de ella.

                     e. Admita su error.

SCORE [ ]

CAPÍTULO 7

Chapter 7 Test

II. Reading

C. Read the following interview with the international actress Pilar Silva. Then choose the most appropriate response to the following questions. (18 points)

Entrevista exclusiva con Pilar Silva

PERIODISTA   Bienvenida a Argentina. ¿Cómo se siente Ud. al volver a nuestro país?

PILAR SILVA   Muy contenta, pues para mí siempre ha sido un placer visitar esta bellísima ciudad. La gente de aquí siempre me ha apoyado, y de eso no me olvido nunca. Tengo muchos fans aquí, y un montón de amigos también.

PERIODISTA   Ud. está aquí, de gira digamos, para promover su nueva película, *Juana de nadie*. Según la crítica, ¿ha triunfado Ud. en esta película?

PILAR SILVA   Bueno, para decir la verdad, la crítica ha variado un poco. Me alegro que la crítica de la Argentina, y de Venezuela también, haya sido muy positiva. Estoy en la gloria, porque ellos son los críticos que más respeto. Y los críticos uruguayos y chilenos... bueno, estoy dolida de que no les haya gustado ningún aspecto de la obra.

PERIODISTA   Un crítico uruguayo escribió en el diario *La Prensa Uruguaya* lo siguiente: "Es triste ver a una artista tan talentosa como Pilar Silva en una película tan pésima como ésta... Su público sin duda estará muy decepcionado que haya colaborado en un desastre cinematográfico como *Juana de nadie*." ¿Cuál es su opinión de su comentario?

PILAR SILVA   Claro, me frustra que no vea lo hermosa que es la película, pero no me dan ganas de llorar. ¡Ni mucho menos! Yo estoy orgullosa de esta obra. Y además, no hay nada que yo pueda hacer para que los críticos cambien de opinión. ¡No señor, lo único que yo puedo hacer es aprender de lo que dicen y tratar de mejorar!

PERIODISTA   Vaya ejemplo de la actitud que los argentinos tanto amamos en Ud. Debe ser la clave de su éxito. Gracias por hablarnos, y le deseamos mucha suerte con la película.

_____ 15. Pilar Silva se alegra mucho de _____.
  a. tener tantos fans en Uruguay y en Chile   **b.** estar en Argentina

_____ 16. La actriz parece estar _____.
  a. bastante desilusionada   **b.** de muy buen humor

_____ 17. Pilar Silva está en Argentina principalmente _____.
  a. para promover su nueva película, *Juana de nadie*
  b. porque allí van a filmar su nueva película, *Juana de nadie*

_____ 18. A Pilar Silva le gusta mucho la Argentina porque _____.
  a. allí la han olvidado siempre   **b.** tiene muchos fans allí

_____ 19. Respecto a *Juana de nadie,* Pilar Silva está un poco desilusionada _____.
  a. porque no está orgullosa de la película
  b. que no les haya gustado a los críticos en algunos países

_____ 20. En Argentina la crítica de *Juana de nadie* ha sido bastante _____.
  a. positiva   **b.** negativa

_____ 21. La reseña *(review)* del crítico uruguayo _____.
  a. ha ofendido gravemente a la actriz   **b.** ha frustrado un poco a la actriz

_____ 22. En su reseña, el crítico uruguayo dijo que los fans de Pilar Silva están _____.
  a. muy desilusionados con ella   **b.** en la gloria

_____ 23. ¿Cuál de estas expresiones resume *(sums up)* la actitud de Pilar hacia la crítica?
  a. No hay mal que por bien no venga.
  b. No hay mal que cien años dure.

SCORE [   ]

D. Read the following passages from the newspaper. Then choose the thing you'd be most likely to say in each situation described below. (12 points)

> Ayuda sin Fronteras de Argentina (ASFA) ha reunido ya 1.000 millones de australes gracias a tu generosidad. Ha enviado 7 aviones con ayuda humanitaria y voluntarios para trabajar en las zonas más afectadas por el terremoto que sacudió a Colombia hace una semana. Gracias por ayudar en la distribución de alimentos y atención sanitaria. Y si no has hecho una donación todavía, te rogamos que lo hagas hoy. Las víctimas cuentan con tu apoyo.

> El equipo argentino fue eliminado hoy en los octavos de final del Campeonato Mundial de Fútbol. Una de las más grandes frustraciones que ha sufrido el equipo hasta ahora es la baja de Javier Fortini en pleno campeonato. Aparentemente la baja de Fortini ocasionó una pérdida de confianza que ha llevado a la eliminación del equipo.

> Se busca traductor e intérprete que sepa inglés, español y japonés, que tenga extensa experiencia en relaciones comerciales internacionales y que tenga buena presencia. Interesados llamar al **34-78-01 INTERCOMER, S.A.**

> Don Rodolfo Bernal Urigarte (q.e.p.d.), abogado, falleció en Buenos Aires, el día 20 de enero de 1996. Recibió los Santos Sacramentos. El entierro será hoy, día 22, a las once en el cementerio de San Francisco. La viuda de don Rodolfo les agradece una donación a Cáritas Austral en vez de mandar flores. Les ofrecemos nuestro más profundo pésame.

_____ **24.** ¿Qué le dices a tu amigo Federico, que es un fanático del equipo argentino?
   a. Comparto tu pena.
   b. ¡Ánimo, chico!
   c. ¿Qué puedo hacer por ti?

_____ **25.** ¿Qué le dices a la Sra. Bernal Urigarte?
   a. Mi más sentido pésame, señora.
   b. No hay mal que por bien no venga, señora.
   c. Lo hice sin querer, señora.

_____ **26.** ¿Qué le dices al representante de ASFA cuando te pregunta por qué no has hecho todavía ninguna donación?
   a. Discúlpame. Es que tengo celos.
   b. Perdóname por no contribuir hasta ahora. Les mando dinero hoy mismo.
   c. Bueno, no hay mal que cien años dure. Aquí tienes el dinero.

_____ **27.** La casa de los padres de una amiga colombiana fue destruida por el terremoto *(earthquake)*. ¿Qué le dices a tu amiga?
   a. No te preocupes. No es nada.
   b. ¡Qué lástima! ¿Qué puedo hacer por ti?
   c. ¡Estoy en la gloria!

_____ **28.** Un amigo te pregunta si vas a mandar rosas a la casa de don Rodolfo después del entierro. ¿Qué le dices?
   a. No, no lo volveré a hacer.
   b. No, voy a respetar los sentimientos de la señora. No mando flores.
   c. Perdóname, se me olvidó. Claro que voy a mandar rosas.

CAPÍTULO 7

Chapter 7 Test

_____ 29. Tu amiga María quiere el trabajo en Intercomer, S.A., pero no tiene experiencia. ¿Qué le dices?
   a. ¡Felicidades! Me alegro que tengas un trabajo tan bueno.
   b. Mi más sentido pésame. Te frustra no tener experiencia, ¿verdad?
   c. No te preocupes. Puedes buscar un trabajo donde no necesites experiencia.

SCORE [   ]

III. Culture

Maximum Score: 10 points

E. Choose the correct answer to complete the following statements. (10 points)

_____ 30. Los habitantes de Buenos Aires no van nunca a **las confiterías** para _____.
   a. tomar té o café
   b. participar en discusiones sobre la política o la literatura
   c. ver una ópera

_____ 31. Simón Bolívar fue _____.
   a. un general venezolano
   b. el presidente de la Argentina
   c. el secretario de la Organización de Estados Americanos (OEA)

_____ 32. El sueño de Simón Bolívar era _____.
   a. unir las nuevas repúblicas de Latinoamérica
   b. ser presidente de los Estados Unidos y Canadá
   c. viajar a la Argentina

_____ 33. Los habitantes de Buenos Aires pueden participar en _____ que representa a su barrio.
   a. una liga *(league)* de fútbol
   b. un instituto de realización cinematográfica
   c. un equipo de confitería

_____ 34. Los argentinos Guillermo Vilas y Gabriela Sabatini son _____ muy famosos.
   a. jugadores de fútbol
   b. estrellas de cine
   c. jugadores de tenis

SCORE [   ]

CAPÍTULO 7

IV. Writing

F. What do you think the people in the following illustrations are saying? For each illustration, write two sentences using expressions from the chapter. (20 points)

35.  _____

36.  _____

37.  _____

38.  _____

39.  _____

SCORE [ ]

CAPÍTULO 7

Chapter 7 Test

G. Imagine you're the head of the department of human resources at a large Mexican corporation. You're looking for someone to fill a new secretarial position. Write four sentences to explain what kind of person you're looking for and the kinds of experience and knowledge the position requires. Use expressions like **buscamos a alguien que...** and **necesitamos una persona que...** (12 points)

40. _____

_____

_____

41. _____

_____

_____

42. _____

_____

_____

43. _____

_____

_____

SCORE [   ]

TOTAL SCORE [/100]

Nombre _____ Clase _____ Fecha _____

Circle the letter that matches the most appropriate response.

I. Listening   Maximum Score: 28 points

A. (20 points)

1. a b c   6. a b c   11. a b c d e
2. a b c   7. a b c   12. a b c d e
3. a b c   8. a b c   13. a b c d e
4. a b c   9. a b c   14. a b c d e
5. a b c   10. a b c

SCORE ☐   SCORE ☐

II. Reading   Maximum Score: 30 points

C. (18 points)   **D.** (12 points)

15. a b   20. a b   24. a b c
16. a b   21. a b   25. a b c
17. a b   22. a b   26. a b c
18. a b   23. a b   27. a b c
19. a b   28. a b c
                                  29. a b c

SCORE ☐   SCORE ☐

III. Culture   Maximum Score: 10 points

E. (10 points)

30. a b c
31. a b c
32. a b c
33. a b c
34. a b c

SCORE ☐

IV. Writing

F. (20 points)

35. _____

_____

36. _____

_____

37. _____

_____

38. _____

_____

39. _____

_____

SCORE [   ]

G. (12 points)

40. _____

_____

41. _____

_____

42. _____

_____

43. _____

_____

SCORE [   ]

TOTAL SCORE [   ] /100

¡Ven conmigo! Level 3, Chapter 7

CAPÍTULO 7

CAPÍTULO 7 RESOURCES

Scripts and Answers

Scripts for Additional Listening Activities

Additional Listening Activity 7-1, p. 118

DELIA Martes 3 de marzo. Querido diario, hoy fue un día maravilloso. ¡Estoy en la gloria! Ayer recibí una carta de la universidad. ¡Voy a entrar al programa de ingeniería aeronáutica de la universidad! ¡Estoy feliz!

DELIA Miércoles 4 de marzo. Querido diario, siguen las buenas noticias. Ayer me dijo mi profesor de matemáticas que tengo la más alta calificación de toda la clase. ¡Estoy de buen humor! Lo que pasa es que me duele mucho que mi amiga Ana esté enojada. Es porque está celosa.

DELIA Jueves 5 de marzo. Querido diario, mi mamá y mi papá están muy orgullosos de mí porque voy a ir a la universidad a estudiar ingeniería. Ellos quieren hacer una fiesta con todos mis amigos y familiares para mi graduación. ¡Te imaginas! ¡Va a ser maravilloso!

DELIA Viernes 6 de marzo. Querido diario, hoy me llamó por teléfono mi prima Mariana desde España para felicitarme y para decirme que ella también va a venir a mi fiesta de graduación. Me encanta que venga Mariana porque la quiero mucho y es mi mejor amiga. De todas maneras estoy decepcionada porque no puede venir mi tía Alicia. Hace dos años que no la veo.

Additional Listening Activity 7-2, p. 118

CAROLINA Ay, Amalia. Jorge está muy decepcionado. Su amigo Javier no lo saludó hoy en el corredor. ¡Te imaginas! ¡Después de ser amigos por tantos años! Me dijo que le dieron ganas de llorar.

AMALIA ¡Qué barbaridad, Carolina! Pero Javier debe estar muy dolido. Jorge es muy competitivo. No le quiso prestar sus apuntes para el examen de química. Javier debe estar muy desilusionado también.

CAROLINA Hablando del examen de química. ¿Supiste que Maribel sacó la mejor nota en el examen de química?

AMALIA No.

CAROLINA Sí, Maribel estaba contentísima. Se sentía en la gloria. Me alegro que esté contenta.

AMALIA Oye, y qué tal Francisco. Estaba de buen humor hoy. ¿Qué le pasaba?

CAROLINA Es que su amigo de Francia, Eric, vino a visitarlo.

Additional Listening Activity 7-3, p. 119

1. ALBERTO Ayer perdimos el campeonato de fútbol. El equipo de los rayos nos derrotó 5-0. ¡Uf!

   MARIO Hablando del fútbol, Alberto, ¿viste el partido entre los vaqueros y los pingüinos? Estuvo magnífico. Ganaron los pingüinos.

2. ANA Mi abuelo murió ayer. Me siento muy triste. Tengo ganas de llorar.

   MARÍA Ay, Ana. Mi más sentido pésame. ¿Cuántos años tenía?

3. PABLO Tengo mala suerte. Hoy mi novia me dijo que quiere romper conmigo.

   MARTÍN No te preocupes, Pablo. Esto pronto pasará.

4. ELENA Marcela está enojada conmigo. Ya no quiere hablarme.

   ESTRELLA Hablé con Marcela esta tarde. Es cierto. Ya no quiere hablarte. ¿Qué le hiciste?

5. SIMÓN Tengo que estudiar para el examen de mañana y con tantos problemas no me siento con ganas de estudiar. ¿Qué hago?

   GRACIELA Tranquilo, Simón. ¿Por qué no vamos a salir a comer? Conozco un buen restaurante y luego te puedo ayudar a estudiar.

Additional Listening Activity 7-4, p. 119

SARA	Bueno, ¿qué problema quieren discutir ustedes? Comienza, Mariana.
MARIANA	Mira, Sara. Roberto me tiene completamente enojada. Una de mis amigas me dijo que lo vio a él con otra chica en un restaurante.
SARA	¿Es verdad, Roberto?
ROBERTO	Bueno... este... Ay Mariana, tus amigas son todas chismosas. ¿Por qué les tienes que creer todo lo que te dicen? Nunca he sido infiel contigo.
MARIANA	Estás mintiendo. Y además, ésta no es la primera vez que te vieron con otra chica.
ROBERTO	Mariana, me insultas con estas ideas que tienes.
MARIANA	¡Ja!
SARA	Bueno, tranquilos. A ver, Mariana, ¿qué es lo que te hace creer que Roberto está mintiendo?
MARIANA	Es que creo que me está guardando secretos. Siempre cuando habla por teléfono y yo entro en el cuarto, deja de hablar y cuelga. Y con eso de que lo vieron con otra chica...
SARA	Roberto, ¿cómo te explicas?
ROBERTO	Ay, bueno, parece que tengo que confesártelo todo. Es que te estábamos planeando una fiesta de sorpresa. Esa chica en el restaurante era mi hermana. Las llamadas telefónicas eran de ella también. Ahora lo has arruinado todo.
MARIANA	Roberto, ¿en serio?
ROBERTO	Claro. ¿Crees que ande con una chica tan joven como mi hermana?
MARIANA	Lo siento, Roberto, es que no sabía. ¿Me perdonas?
ROBERTO	No te preocupes, Mariana.

Additional Listening Activity 7-5, p. 120

CLAUDIA	Julio, ¿no recuerdas qué fecha es hoy?
JULIO	No. ¿Por qué?
CLAUDIA	Porque hoy es nuestro aniversario de bodas.
JULIO	Discúlpame, se me olvidó.
CLAUDIA	Anita, ¿quién rompió el vidrio de la ventana?
ANITA	Ay, mamá. Se me olvidó decirte que Juan lo rompió cuando jugaba al béisbol.
CLAUDIA	Muchacha mentirosa. Juan tiene gripa y está en cama.
ANITA	Perdón, mami, no lo haré más.
CLAUDIA	Toño, ¿tomaste una taza de leche caliente?
TOÑO	Sí, mamá.
CLAUDIA	Entonces, ¿por qué no limpiaste la leche que se cayó en la estufa?
TOÑO	Perdóname, mamá. Lo hice sin querer.
CLAUDIA	Juan, ¿quién dejó prendido el televisor toda la noche?
JUAN	No sé, quizá fue Alex.
CLAUDIA	¿Alex? Alex durmió en casa de su abuela y tú fuiste el único que vio el televisor.
JUAN	Lo siento mucho, mami, no lo volveré a hacer.
CLAUDIA	Oye, Juana, ¿fuiste tú la que se llevó mi suéter esta mañana?
JUANA	Pues yo no fui. Pregúntale a Anita. Ella siempre usa tu ropa.

Additional Listening Activity 7-6, p. 120

1.	MARIBEL	Nadie me invita nunca a una fiesta.
	MANUELA	Ánimo, no hay mal que cien años dure. Yo te invito.
2.	GUILLERMO	Tú no respetas mis sentimientos. Ayer no me saludaste en la escuela.
	MANUELA	Perdóname. Lo hice sin querer. No lo volveré a hacer.
3.	MANUELA	Estoy enojadísima. Paco me dejó plantada ayer. Íbamos a ir al cine juntos.
	MARIBEL	No te preocupes. Ya sabes que Paco siempre ha sido distraído.
4.	MARIBEL	Ayer estuve esperando tu llamada telefónica toda la tarde.
	GUILLERMO	Discúlpame, pero tuve mucho trabajo. Te prometo que no lo haré más.
5.	BEATRIZ	¿Por qué no me dijiste que tenías una cita con Roberto? Tú sabes que hace mucho que yo quiero salir con él.
	VIVIAN	¿Cómo iba a saberlo? Roberto me invitó a la fiesta y decidí ir con él. Y ya está.
6.	SARA	Manolo, no te acordaste de recogerme de la escuela ayer. Estuve esperando por dos horas.
	MANOLO	¡Tranquila, Sara!

Answers to Additional Listening Activities

Additional Listening Activity 7-1, p. 118

1. c   2. b   3. b   4. c

Additional Listening Activity 7-2, p. 118

Feliz	Nombre	Triste
	Jorge	X
	Javier	X
X	Maribel	
X	Francisco	

Additional Listening Activity 7-3, p. 119

1. unsympathetic; b
2. sympathetic
3. sympathetic
4. unsympathetic; c
5. sympathetic

Additional Listening Activity 7-4, p. 119

1. b   2. c   3. a

Additional Listening Activity 7-5, p. 120

admite el error		le echa la culpa a otro
X	Julio	
	Anita	X
X	Toño	
	Juan	X
	Juana	X

Additional Listening Activity 7-6, p. 120

	Comforting	Apologizing	Neither
1.	✔		
2.		✔	
3.	✔		
4.		✔	
5.			✔
6.	✔		

Listening Scripts for Quizzes

Quiz 7-1 Capítulo 7 Primer paso

I. Listening

A.   SRA MENDOZA   Querida Berta. Estoy encantada de que lo estés pasando bien en Michigan y de que te gusten tus clases. Estoy encantada porque sé que vas a regresar en cinco semanas. Todos estamos bien en la casa. Tu hermano Paco ganó el campeonato de fútbol. ¡Él está en la gloria! Tu hermana Elena y su novio tuvieron otro problema. Elena se siente frustrada y desilusionada. Está dolida y siempre le dan ganas de llorar. Tu primo Jorge consiguió un puesto en una de las empresas más grandes del país. Los tíos están orgullosos de Jorge. Ellos se alegran de que Jorge lo haya conseguido porque se lo merece. Tu papá está decepcionado con nuestros amigos, los Echeverría. A tu papá le duele mucho saber que ellos no nos invitaron a su fiesta de fin de año. En fin, cosas de la vida. Te echamos mucho de menos. Hasta pronto. Un abrazo y un beso de tu mamá.

Quiz 7-2 Capítulo 7 Segundo paso

I. Listening

A.   CARLOS   ¡Chicos, tengo un problema! Lola está enojada porque se me olvidó su cumpleaños. Nos peleamos y Lola rompió conmigo. ¿Qué hago ahora? ¿Qué me aconsejas, Tito?

  TITO   Tú debes comprarle una tarjeta en donde le pidas perdón y luego debes discutir el problema con ella. Dile: "Lo siento mucho, lo hice sin querer". Ella te perdonará.

  CARLOS   Ya le dije que estaba muy ocupado y que por eso olvidé su cumpleaños. ¿Qué me dices tú, Sofía?

  SOFÍA   Yo opino que debes ser amable con ella. Cómprale unas flores, ve a su casa y dile: "Perdóname, no lo volveré a hacer".

  CARLOS   ¿Tú crees que eso dé resultado?

  PACO   Por supuesto, Carlos. Tú debes admitir tu error y comprarle, además de la tarjeta, una caja de chocolates. Dile: "Discúlpame, no lo haré más". Es importante respetar los sentimientos de Lola y ya verás que todo se va a arreglar.

  CARLOS   Gracias por ayudarme, chicos.

Answers to Quizzes 7-1, 7-2

ANSWERS Quiz 7-1

I. Listening

A. (10 points: 2 points per item)

Feliz			Infeliz
X	1.	Sra. Mendoza	
X	2.	Paco	
	3.	Elena	X
X	4.	Los tíos	
	5.	Papá	X

II. Reading

B. (10 points: 2 points per item)
6. c
7. a
8. b
9. b
10. c

III. Writing

C. (20 points: 5 points per item)
Answers will vary. Possible answers:
11. ¡Estoy en la gloria!
12. Me frustra que mi amigo no me haya llamado.
13. Mi más sentido pésame. ¿Qué puedo hacer por ti?
14. No te preocupes. No hay mal que por bien no venga.

IV. Culture

E. (10 points: 5 points per item)
15. vos
16. confiterías

ANSWERS Quiz 7-2

I. Listening

A. (12 points: 2 points per item)

		¿Qué debe comprarle?	¿Qué debe decirle?
1.	Tito	tarjeta	Lo siento mucho
2.	Sofía	flores	Perdóname
3.	Paco	caja de chocolates	Discúlpame

II. Reading

B. (8 points: 2 points per item)
4. b
5. b
6. a
7. a

III. Writing

C. (20 points: 4 points per item)
Answers will vary. Possible answers:
8. tenga mucha experiencia
9. llegue tarde
10. puedan viajar mucho
11. sea simpática
12. no trabaje 12 horas por día

IV. Culture

D. (10 points: 5 points per item)
13. Organización de Estados Americanos
14. el fútbol

I. Listening

A.

MANOLO Estoy encantado que mi partido haya ganado las elecciones en la escuela. Por fin vamos a tener un buen presidente de los estudiantes. ¡Estoy en la gloria! ¿Tú qué piensas, Lorenzo?

LORENZO Ay, Manolo. La verdad, a mí me dan ganas de llorar. Estoy decepcionado de los resultados de las elecciones.

MANOLO ¿Decepcionado? ¿Por qué?

LORENZO Me frustra que los presidentes de los estudiantes sólo organicen fiestas y partidos de fútbol.

MANOLO A mí me encanta que organicen fiestas y partidos. ¿Cuál es el problema?

LORENZO Me duele mucho que haya tantas otras cosas que podamos hacer, como campañas ecológicas o servicio a la comunidad. Somos estudiantes y no un club social.

MANOLO Claro, pero tampoco somos políticos. Ni modo, Lorenzo. Yo estoy de buen humor y tú estás dolido. Y nunca vamos a estar de acuerdo en política, pero eres mi amigo. ¿Por qué no mejor vamos al cine?

LORENZO Vale.

B.

LIDIA Buenos días, Señorita Sol. Yo soy Lidia y tengo un problema con mi novio. Él es infiel y desleal conmigo. No sé si debo casarme con él.

SEÑORITA SOL Rompa con él. Si él no le pide perdón, usted no debe casarse ni continuar con él. La lealtad es muy importante en una pareja.

RAÚL Hola, me llamo Raúl. Estoy decepcionado conmigo mismo. Le he mentido a mi novia.

SEÑORITA SOL No se preocupe, eso es fácil de arreglar. Admita su error. Dígale que no lo volverá a hacer y no guarde secretos nunca más con ella. Ella lo perdonará.

MARCOS Yo soy Marcos. He sido desleal e infiel. Mi novia rompió conmigo. ¿Qué puedo hacer para regresar con ella?

SEÑORITA SOL Primero, respete los sentimientos de ella. Y luego, pídale perdón. Dígale: Lo siento mucho, no lo haré más.

JUAN Hola, me llamo Juan. Rompí con mi novia la semana pasada porque ella era infiel y desleal conmigo. Pero la echo mucho de menos. ¿Qué hago?

SEÑORITA SOL Dese tiempo para pensar, primero. Salga con sus amigos y discuta el problema con ellos. Luego, decida qué hacer.

Answers *to* Chapter Test

I. Listening Maximum Score: 28 points

A. (20 points: 2 points per item)
1. b
2. a
3. b
4. a
5. c
6. a
7. c
8. b
9. a
10. b

B. (8 points: 2 points per item)
11. b
12. e
13. d
14. a

II. Reading Maximum Score: 30 points

C. (18 points: 2 points per item)
15. b
16. b
17. a
18. b
19. b
20. a
21. b
22. a
23. a

D. (12 points: 2 points per item)
24. b
25. a
26. b
27. b
28. b
29. c

III. Culture Maximum Score: 10 points

E. (10 points: 2 points per item)
30. c
31. a
32. a
33. a
34. c

IV. Writing Maximum Score: 32 points

F. (20 points: 4 points per item)
Answers will vary. Possible answers:
35. Tengo celos. Me frustra que mires a otras chicas.
36. Perdóname. Admito mi error.
37. ¡Estoy en la gloria! Me alegro que hayamos ganado el partido.
38. Mi más sentido pésame. ¿Qué puedo hacer por ti?
39. Estoy dolido. Me duele que hayas iniciado un rumor sobre mí.

G. (12 points: 3 points per item)
Answers will vary. Possible answers:
40. Buscamos a alguien que tenga 10 años de experiencia.
41. Necesitamos una persona que sepa inglés y español.
42. Buscamos una persona que sea leal.
43. Necesitamos a alguien que pueda trabajar seis días por semana.

CAPÍTULO

7 Dime con quién andas

DE ANTEMANO

1 Lee estos dichos *(sayings)* que tienen que ver con la amistad. Después, escribe en tus propias palabras en inglés qué significa cada dicho.

1. Un amigo en la necesidad es amigo de verdad.
   A friend in need is a friend indeed.

2. Dime con quién andas y te diré quién eres.
   Birds of a feather flock together.

3. Si quieres tener enemigos, presta dinero a tus amigos.
   If you want to have enemies, lend money to your friends.

4. Al decir las verdades se pierden las amistades.
   When you tell the whole truth, you may lose a friend.

5. No hay mejor espejo que el amigo viejo.
   An old friend will tell you the truth about yourself.

2 Contesta las siguientes preguntas con frases completas.

1. ¿Con qué frecuencia les escribes a tus amigos que están lejos de ti?
   Answers will vary.

2. ¿Usas el teléfono con mucha frecuencia? ¿Por qué sí o por qué no?

3. ¿Cómo ayudas a celebrar los cumpleaños de tus amigos?

4. Si estás frustrado(a) con un(a) amigo(a), ¿le dices algo o te callas? ¿Por qué?

5. ¿Tienes un(a) mejor amigo(a)? ¿Cómo es?

6. En tu opinión, ¿cómo es el (la) amigo(a) ideal?

3 Match each expression on the left with the one on the right that is most similar in meaning.

__e__ 1. Me dan ganas de llorar.   **a.** Estoy desilusionado.

__c__ 2. Comparto tu pena.   **b.** chismear

__f__ 3. la relación entre amigos   **c.** Mi más sincero pésame.

__b__ 4. hablar de la gente   **d.** No hay mal que por bien no venga.

__a__ 5. Estoy decepcionado.   **e.** Me duele...

__d__ 6. No hay mal que cien años dure.   **f.** la amistad

4 ¿Cómo reaccionas en las siguientes situaciones? Para cada situación escribe una o dos oraciones.

1. Has esperado a tu amigo media hora en el cine. Te das cuenta de que (*you realize that*) él te ha dejado plantado(a).
   Answers will vary. Possible answers: Estoy frustrado(a) con él.

2. Tú y tu hermana se han peleado y ella no quiere hablarte ahora.
   Me duele que no me quiera hablar.

3. El abuelo de tu mejor amigo se ha muerto.
   Me dan ganas de llorar.

4. Has salido mal en tu examen de geometría.
   Estoy decepcionado(a) porque quería una buena nota.

5. Alguien te hace un cumplido; te dice que estás muy guapo(a) hoy.
   ¡Estoy en la gloria!

6. Ves a un(a) amigo(a) coqueteando (*flirting*) con tu novio(a).
   Estoy dolido(a).

7. Una amiga viene de lejos a visitarte.
   Estoy encantado(a) de que pueda venir.

Practice and Activity Book p. 74

150 Chapter Teaching Resources, Book 2   ¡Ven conmigo! Level 3, Chapter 7

5 Look at the drawings and write a caption that expresses how the people feel in each situation.

1.

Claudia/Tomás

Answers will vary.

2.

los Cisneros

3.

Mark

4.

Benjamín y su abuela

5.

Marta/Ofelia

6.

Rogelio y yo

6 Esta noche hay una fiesta en casa de Daniela. Como quieres practicar tu español, escuchas con cuidado todo lo que dice la gente. ¿Has oído bien todo lo que se dijo? Completa las siguientes oraciones con la forma correcta del presente del subjuntivo o del indicativo o con el infinitivo, según el caso.

MODELO   Esta noche **hay** (haber) una fiesta en casa de Daniela.

1. Mariluz está un poco deprimida. Temo que ella no _____**venga**_____ (venir) a la fiesta.

2. Ojalá que no _____**llueva**_____ (llover) esta noche porque Daniela quiere dar la fiesta en el patio.

3. Estamos encantados de que Leonor y Ricardo _____**salgan**_____ (salir) esta noche con todos nosotros. Son muy divertidos.

4. Marco y yo sentimos no _____**poder**_____ (poder) acompañarte a la fiesta. Es que estamos muy ocupados ahora.

¡Ven conmigo! Level 3, Chapter 7

Practice and Activity Book p. 75
Chapter Teaching Resources, Book 2 **151**

HRW material copyrighted under notice appearing earlier in this work.

5. Es mejor que yo no _____ vaya _____ (ir) a comer con Uds. antes de la fiesta porque necesito ahorrar dinero.

6. Es bueno _____ apoyar _____ (apoyar) a Daniela con todo esto. Por lo general, a ella no le gusta tener mucha gente en su casa.

7. Ah, me alegro de que tú _____ traigas _____ (traer) refrescos. ¡Comida ya hay de sobra *(more than enough)*!

8. Todos sabemos que nosotros _____ tenemos _____ (tener) un buen grupo de amigos.

7 Julia y Pilar se pelearon pero por fin decidieron hablar para ver si pueden reconciliarse. Lee el siguiente diálogo y después completa las oraciones subsecuentes.

> JULIA   Pilar, me duele mucho que chismees sobre mis problemas personales con todo el mundo.
>
> PILAR   ¿Chismear? ¿Yo? Pues, Julia, nunca he hablado mal de ti con nadie.
>
> JULIA   Me alegro de que podamos aclarar esto porque ayer Ignacio me dijo que le hablaste de mi amistad con Félix.
>
> PILAR   Bueno, sí, le dije algo de eso a Ignacio pero, Julia, me frustra que pienses que me la paso chismeando. Fue un comentario inocente.
>
> JULIA   Pero tus comentarios "inocentes" también duelen. Si aprendes a contar conmigo y confiar en mí, podemos resolver nuestros problemas.

1. A Julia le frustra que Pilar chismee sobre sus problemas personales.

2. Julia se alegra que puedan aclarar la situación.

3. A Pilar le frustra que Julia piense que se la pasa chismeando.

4. Julia quiere que Pilar aprenda a contar con ella y confiar en ella.

8 Piensa un poco en lo que es ser "un(a) amigo(a) de verdad". Escribe una lista de todas las cosas que los amigos deben hacer para mantener una buena amistad. Utiliza cuando puedas la información en la **Nota gramatical** en la página 173 de tu libro de texto.

MODELO   Es importante que los amigos se apoyen en todo.

Answers will vary.

9 Las siguientes oraciones expresan tus frustraciones y alegrías y las de tu familia sobre algunas cosas que pasan en tu casa. Completa estas oraciones con la forma correcta del presente perfecto del subjuntivo.

MODELO   ¡Ojalá que alguien **haya comprado** (comprar) la comida para la cena!

1. A Papá le frustra que nosotros todavía no ___**hayamos limpiado**___ (limpiar) la casa.

2. Mamá está contenta de que sus padres ___**hayan llegado**___ (llegar) de Miami.

3. Me alegro de que mis hermanos Marta y Sebastián ___**se hayan reconciliado**___ (reconciliarse).

4. A Luisa, mi hermana mayor, le frustra que su novio ya ___**se haya ido**___ (irse).

5. Mis abuelos están orgullosos de que yo ___**haya sacado**___ (sacar) buenas notas este semestre.

10 Lee las siguientes situaciones. ¿Qué clase de consuelo le das a cada persona?

1. Tu mejor amigo(a) acaba de romper con su novia(o).

   Answers will vary.

2. Tu hermana menor está triste porque se le enfermó su tortuga.

3. Una nueva compañera de clase se siente muy sola porque no tiene muchos amigos.

4. El equipo favorito de tu hermano perdió ayer en la Copa Mundial.

HRW material copyrighted under notice appearing earlier in this work.

■ ¡ADELANTE!

11 Según lo que leíste en la sección **¡Adelante!** de tu libro de texto, indica si las siguientes oraciones son ciertas **(c)** o falsas **(f)**.

_____**f**_____ 1. Después de pelear con un(a) amigo(a), es mejor esperar una o dos semanas antes de hablar con él (ella).

_____**c**_____ 2. Es importante reconocerlo cuando tienes tú la culpa.

_____**f**_____ 3. Es mejor mantener el enojo *(anger)* cuando quieres reconciliarte con un(a) amigo(a).

_____**c**_____ 4. Es bueno escuchar bien al amigo antes de contestarle.

_____**c**_____ 5. Cuando un(a) amigo(a) desea hablar sobre un problema contigo, es importante facilitar la conversación.

12 Look at the photos below of two friends, Víctor and Ana, who have had a fight and then make up. Fill in the conversation bubbles in a logical progression.

Answers will vary.

■ SEGUNDO PASO

13 Using the clues given below, complete the following crossword puzzle with words from the vocabulary list in the **segundo paso**.

Verticales

2. no decir la verdad
3. cortar con
4. la envidia
9. una persona que chismea sobre sus amigos es _____.
11. lo que nos sentimos

Horizontales

1. darse tiempo para _____
5. no llevarse bien
6. una equivocación
7. un objeto especial para otra persona
8. algo que no puedes decirle a nadie
10. una persona _____ sale con alguien que no es su pareja
12. considerar; mostrar respeto

14 Gregorio le escribe una carta a su novia. Tiene dudas sobre las palabras y expresiones subrayadas *(underlined)*. Para ayudarle, escribe una palabra o expresión que significa lo mismo que éstas.

MODELO   Le quiero <u>dar las gracias</u> a Juan.   **agradecer**

Querida María,

Te escribo esta carta para que sepas que siento mucho lo que hice. <u>No lo haré más</u>[1]. Ya sé que <u>no decir la verdad</u>[2] es algo malo. Y no quería <u>ofender</u>[3] a tu amiga Felipa. Es muy buena gente ella. <u>Discúlpame</u>[4], lo hice sin querer. Y ahora me dices que piensas <u>cortar conmigo</u>.[5] Pues, lo único que puedo hacer es pedirte que no me dejes. Ya sé que no puedo expresar muy bien <u>mis emociones</u>[6], pero es verdad que te quiero mucho. No quiero que se acabe lo nuestro.

Con cariño,
Gregorio

1. **No lo volveré a hacer** _____   4. **Perdóname** _____

2. **mentir** _____   5. **romper conmigo** _____

3. **insultar** _____   6. **mis sentimientos** _____

Practice and Activity Book p. 79

¡Ven conmigo! Level 3, Chapter 7   Chapter Teaching Resources, Book 2 **155**

HRW material copyrighted under notice appearing earlier in this work.

15 Algunos de tus amigos están mal esta semana por una razón u otra. Después de oír cuáles son sus problemas, escribe lo que van a hacer tú y otros amigos para ayudarlos. Usa las siguientes expresiones u otras expresiones lógicas que se te ocurran.

> **discutir el problema** **darle un abrazo** **respetar sus sentimientos**
> **comprarle un regalo** **darle tiempo para pensar** **apoyarlo(la)**

1. La novia de Martín le es desleal.
   Answers will vary. Possible answers: Voy a apoyarlo.

2. Tu amigo Miguel se está peleando con otro amigo, Rolando.
   Antonio y yo vamos a discutir el problema con ellos.

3. Tu mejor amiga acaba de romper con su novio.
   Voy a darle un abrazo a ella.

4. Tu amigo Paco ha sufrido un accidente de coche.
   Ana va a comprarle un regalo.

5. Tus amigos hablan cada noche por teléfono con Ana. Anoche Ana no quiso hablar.
   Voy a decirles que deben darle tiempo para pensar.

16 Saying you're sorry is an art! Create a short conversation for each of the following scenes, using expressions from **Así se dice** and the **Vocabulario** on page 179 of your textbook.

1. Alfonso y su madre   2. Miguel y su hermana   3. Daniel y Sofía   4. Laura y Antonia

1. **Answers will vary.** _____

_____

_____

_____

2. _____

_____

_____

_____

3. _____

_____

_____

_____

4. _____

_____

_____

_____

17 Cecilia es una persona muy optimista, mientras Guillermo es pesimista. Cada vez que Cecilia dice algo positivo, Guillermo lo contradice *(contradicts it)*. Escribe las reacciones de Guillermo usando las palabras negativas del **Segundo paso**.

1.   CECILIA   Siempre discuto mis problemas con alguien.

GUILLERMO   **Nunca discuto mis problemas con nadie.** _____.

2.   CECILIA   Tengo mucha suerte. Tengo algunos amigos en el colegio.

GUILLERMO   **No tengo ningún amigo en el colegio.** _____.

3.   CECILIA   Siempre trato de hacer algo bueno.

GUILLERMO   **Nunca trato de hacer nada bueno.** _____.

4.   CECILIA   Hoy pienso hacer algo para Lucía. Es su cumpleaños.

GUILLERMO   **No pienso hacer nada para Lucía.** _____.

18 Completa las siguientes oraciones con la forma correcta del presente, del indicativo o del subjuntivo, según el caso.

MODELO   Necesito un maestro que **sepa** (saber) tener paciencia conmigo.

1. ¿No hay nadie aquí que _____**pueda**_____ (poder) guardar secretos?

2. Busco amigos que _____**sean**_____ (ser) leales.

3. Tengo una amiga que siempre me _____**apoya**_____ (apoyar) en todo.

4. Conozco a alguien que me _____**da**_____ (dar) tiempo para pensar.

5. Necesito una novia que _____**respete**_____ (respetar) mis sentimientos.

6. ¿No conoces a nadie que te _____**pueda**_____ (poder) ayudar?

7. Tengo muchos amigos que no _____**mienten**_____ (mentir).

8. No hay nada que nosotros _____**podamos**_____ (poder) hacer.

9. No conozco a nadie que _____**sea**_____ (ser) de otro país.

10. Busco un(a) novio(a) que no _____**tenga**_____ (tener) celos.

Practice and Activity Book p. 81

¡Ven conmigo! Level 3, Chapter 7   Chapter Teaching Resources, Book 2 **157**

19 Read the following personal ads from a local newspaper and complete the sentences based on the information given in the ads. **Answers will vary. Possible answers:**

> Divorciada, 45 años. Me gusta viajar, leer y nadar. Interesada en una relación de larga duración con un hombre maduro.

> Soltero, 39 años. Trabajo mucho y por eso, prefiero quedarme en casa cuando regreso del trabajo. Pasatiempos: ver la tele, escuchar música.

> Soltero, 50 años. Salgo con mucha frecuencia, soy independientemente rico y tengo mi propio jardín enorme al lado de mi casa. Quiero compartir mis bienes materiales con una mujer madura y simpática.

> Divorciado, 30 años. Tímido, cerrado. Busco a una mujer con quien hablar, pasar tiempo y crear una familia. Me encantan los deportes y leo mucho. ¡Escribe si eres la mujer para mí!

> Soltera, 28 años. No me importa tener una relación perdurable; sólo quiero conocer a algunas personas abiertas y divertidas con quienes hablar y salir. ¡Soy nueva en esta ciudad!

1. El hombre de 39 años necesita una persona que
   quiera ver televisión y quedarse en casa. .

2. La mujer de 45 años busca un hombre que
   sea maduro. .

3. El hombre de 50 años quiere encontrar una mujer que
   sea madura y simpática. .

4. La mujer de 28 años quiere conocer unas personas que
   sean abiertas y divertidas y que quieran hablar y salir. .

5. El hombre de 30 años busca una mujer que
   no sea tímida y que le guste hablar. .

20 List five famous friendships from history, the movies, television, or literature, and explain in a sentence why they were or are valuable friendships using ideas you've learned in this chapter.

MODELO   Jerry Seinfeld y George Costanza: Siempre discuten sus problemas y saben hacerse reír.

Answers will vary.

	LOS (LAS) DOS AMIGOS(AS)	RAZÓN POR SU BUENA AMISTAD
1.		
2.		
3.		
4.		
5.		

■ VAMOS A LEER

Elisabet has a dilemma that involves her best friend, her parents, and her own judgments about relationships and forgiveness. Read her letter to her friend Juan. Try to read between the lines to draw inferences about her true feelings. Is she very angry? Is she jealous? Is she worried about being hurt again?

Querido Juan,

Las cosas han perdido todo su sentido para mí. Por culpa de un chico, se acabó la amistad que me unía con Ángela, mi mejor amiga. Ella empezó a salir con David hace ocho meses y se enamoró de él rápidamente. Cada vez pasaba más tiempo con él y menos conmigo. Bueno, él es un tipo no muy recomendable al que le gusta chismear, y habló mal de mí más de una vez. Me di cuenta de que no podía contar con ella y dejamos de hablarnos.

La semana pasada el novio de Ángela rompió con ella. Él la dejó por otra chica. Ahora ella insiste en reconciliarnos y en hacer las paces conmigo. Me pidió perdón y ha prometido no volver a hacer lo que hizo. Quiero recuperar nuestra amistad, y me gustaría discutir el problema y volver a confiar en ella otra vez.

Sin embargo, mis padres, que saben de todo lo que pasó, ahora están en su contra y no quieren que nos reconciliemos. Sé que mis padres quieren lo mejor para mí, pero me parece que no respetan mis sentimientos en este asunto. Estoy tan dolida por esta situación que constantemente me dan ganas de llorar.

Necesito tus consejos para no dañar la buena relación que tengo con mis padres y para salvar mi amistad con Ángela. Gracias de antemano por tu ayuda.

Tu amiga, Elisabet

---

21 Imagine you are Juan. Write a letter back to Elisabet. Sympathize with her about her problem and offer her some advice.

Answers will vary.

_____

_____

_____

_____

_____

22 Write a conversation between Ángela and Elisabet. Elisabet tells Ángela how she feels and explains the disagreement she's having with her parents. Ángela offers an apology, and the two decide to work on their friendship.

Answers will vary.

_____

_____

_____

_____

_____

_____

23 En la Argentina el fútbol es el deporte más popular. ¿Cuál es la recepción del fútbol en los Estados Unidos? En tu opinión, ¿cuál es el deporte más popular de los Estados Unidos? ¿Por qué?

Answers will vary.

_____

_____

_____

_____

24 Cuando uno considera la cantidad de cines, restaurantes y cafés en Buenos Aires, uno se da cuenta de que la vida de Buenos Aires es una vida de la calle. ¿Es igual en los Estados Unidos? Por lo general, ¿qué hace la gente por la noche en tu pueblo o ciudad? Y, ¿qué se hace en las ciudades más grandes de los Estados Unidos?

Answers will vary.

_____

_____

_____

_____

_____

_____

_____

_____

_____

25 Mucha gente dice que Buenos Aires es el París de la América del Sur. ¿Qué significa esto? ¿Qué cosas tienen en común las dos ciudades? ¿Hay una ciudad parecida (similar) a Buenos Aires en los Estados Unidos? ¿Cuál es esta ciudad estadounidense, y cómo es?

Answers will vary.

_____

_____

_____

_____

Practice and Activity Book p. 84

160 Chapter Teaching Resources, Book 2

¡Ven conmigo! Level 3, Chapter 7

HRW material copyrighted under notice appearing earlier in this work.

VAMOS A LEER

3 A los detalles

1. El amor.
2. Temblar.
3. "El divino amor".
4. En -**nas**, cuatro versos. En -**gas**, cuatro versos.
5. Habla de cosas que no pasaron, pero que pudieron haber ocurrido.

4 Vamos a comprenderlo bien

1. *Answers will vary,* but students must point out that the narrative voice is trembling of emotion tonight.
2. Ella anda buscando a su amor o a su amado.
3. Sí, porque tiene mucho amor para dar; desea ofrecer su amor.
4. *Answers will vary.*
5. *Answers will vary.*

5 Barrio ortográfico: el punto y coma

1. Los estudiantes de la escuela de graduados estaban dispuestos a crear un sindicato; el consejo universitario a despedirlos a todos.
2. Habíamos estado esperando toda la mañana a que se presentara y firmara los papeles. No se presentó; por consiguiente el juez declaró inoperante su denuncia.
3. Sus consejos fueron siempre invalorables: si trabajas y aguardas, la victoria es tuya; no tengas miedo a dar la vida por un ideal peor es vivirla cobardemente; las palabras hirientes son como cuchillos nunca las uses, matan de a poco a la gente y eso te convierte, a la larga, en un criminal.

6 Esquina gramatical: el infinitivo

A.
1. El comer es necesario...
2. Al oír las tristes...
3. Me mudé a Nueva York después de terminar...
4. Come muchísimo sin pensar...
5. Le aconsejo pasar...

B.
1. fumar
2. asistir
3. esperar
4. conocer
5. venir

■ VAMOS A ESCRIBIR

7 *Answers will vary.*

■ VAMOS A CONOCERNOS

8 A escuchar

Answers will vary.

9 A pensar

Answers will vary.

10 Así lo decimos nosotros

1. f
2. a
3. g
4. b
5. i
6. c
7. h
8. d
9. j
10. e

■ VAMOS A CONVERSAR

11 *Answers will vary.*

CAPÍTULO

8

Los medios de comunicación

RESOURCES

CAPÍTULO 8

Chapter Teaching Resources Correlation Chart

RESOURCES	Print	Audiovisual

De antemano

Practice and Activity Book, p. 85..*Textbook Audiocassette 4B/Audio CD 8*
  —Answers: *Chapter Teaching Resources, Book 2*, p. 203
Video Guide ....*Video Program, Videocassette 2*

Primer paso

Chapter Teaching Resources, Book 2
- Communicative Activities 8-1, 8-2, pp. 165–166
- Teaching Transparency Master 8-1, pp. 169, 171 ....*Teaching Transparency 8-1*
- Additional Listening Activities 8-1, 8-2, 8-3, pp. 172–173 ...*Additional Listening Activities, Audiocassette*
  —Scripts, p. 196; Answers, p. 198   *10A/Audio CD 8*
- Realia 8-1, p. 176, 178
- Situation Cards 8-1, pp. 179–180
- Student Response Forms, pp. 181–182
- Quiz 8-1, pp. 183–184 ....*Assessment Items, Audiocassette 8A/Audio CD 8*
  —Scripts, p. 199; Answers, p. 200
Practice and Activity Book, pp. 38–41
  —Answers: *Chapter Teaching Resources, Book 2*, pp. 204–207
Native Speaker Activity Book, pp. 36–40
  —Answers: *Chapter Teaching Resources, Book 2*, pp. 215–216
Video Guide ....*Video Program, Videocassette 2*

Adelante

Practice and Activity Book, p. 42..*Textbook Audiocassette 4B/Audio CD 8*
  —Answers: *Chapter Teaching Resources, Book 2*, p. 208
Video Guide ....*Video Program, Videocassette 2*

Segundo paso

Chapter Teaching Resources, Book 2
- Communicative Activities 8-3, 8-4, pp. 167–168
- Teaching Transparency Master 8-2, pp. 170, 171 ....*Teaching Transparency 8-2*
- Additional Listening Activities 8-4, 8-5, 8-6, pp. 173–174 ...*Additional Listening Activities, Audiocassette*
  —Scripts, p. 197; Answers, p. 198   *10A/Audio CD 8*
- Realia 8-2, pp. 177, 178
- Situation Cards 8-2, 8-3, pp. 179–180
- Student Response Forms, pp. 181–182
- Quiz 8-2, pp. 185–186 ....*Assessment Items, Audiocassette 8A/Audio CD 8*
  —Scripts, p. 199; Answers, p. 200
Practice and Activity Book, pp. 43–46
  —Answers: *Chapter Teaching Resources, Book 2*, pp. 209–212
Native Speaker Activity Book, pp. 36–40
  —Answers: *Chapter Teaching Resources, Book 2*, pp. 215–216

ASSESSMENT

Paso Quizzes
- *Chapter Teaching Resources, Book 2*
  Quizzes, pp. 183–186
  Scripts and answers, pp. 199–200
- Assessment Items, *Audiocassette 8A/Audio CD 8*

Portfolio Assessment
- *Assessment Guide*, pp. 2–13, 17

Chapter Test
- *Chapter Teaching Resources, Book 2*, pp. 187–192
  Test score sheets, pp. 193–194
  Test scripts and answers, pp. 201–202
- *Assessment Guide*, Speaking Test, p. 31
- Assessment Items, *Audiocassette 8A/Audio CD 8*

Test Generator, Chapter 8

Communicative Activities 8-1A and 8-2A

8-1A You and your partner are thinking about starting a local television station. You have done surveys to find out whether viewers would support a new station and what kind of programming they would like to see. Give your partner the information you have, then ask him or her for the missing information to fill in the chart.

	Emisora que ve más	¿Prefiere cable o las cadenas?	Programas predilectos	¿Otra emisora?
Roberto	el canal 26	cable	los noticieros, las películas	Por supuesto.
Martina	el canal 7	las cadenas nacionales	las películas, las telenovelas	No creo que sea necesario.
Simona				
Andrés				

Now discuss with your partner the results of the survey. Do you think you should invest in a new station? If so, what type of programming would you offer?

_____

_____

8-2A You and your partner are reporters and are working on a story about whether people believe television has a positive influence on their lives. You have part of the information and your partner has the rest. Exchange information with your partner and then indicate whether each person views television positively or negatively.

Enrique	Bueno, la programación es pésima y hay muchas cosas en la tele todas las noches que los niños no deben ver.
Mari	Es evidente que los programas que tenemos hoy son mejores que los programas que teníamos hace diez años.
Carla	Dudo que sea una influencia positiva. Hay demasiadas imágenes negativas en la tele.
Geraldo	Creo que la televisión tiene una influencia muy buena sobre los niños porque pueden ver programas educativos todos los días.

¿Opinión positiva o negativa?

1. Sergio _____   3. Eduardo _____

2. María _____   4. Corazón _____

Do most people interviewed feel that television is a negative or a positive influence? On a separate sheet of paper, write a brief report on what you have learned and then add your own opinions and explain why you feel the way you do.

CAPÍTULO 8

Nombre _____ Clase _____ Fecha _____

 Communicative Activities 8-1B and 8-2B

8-1 B You and your partner are thinking about starting a local television station. You have done surveys to find out whether viewers would support a new station and what kind of programming they would like to see. Give your partner the information you have, then ask him or her for the missing information to fill in the chart.

	Emisora que ve más	¿Prefiere cable o las cadenas?	Programas predilectos	¿Otra emisora?
Roberto				
Martina				
Simona	el canal 52	cable	los documentales	Sin duda alguna.
Andrés	el canal 11	las cadenas	las series	No tengo la menor idea.

Now discuss with your partner the results of the survey. Do you think you should invest in a new station? If so, what type of programming would you offer?

_____

_____

8-2B You and your partner are reporters and are working on a story about whether people believe television has a positive influence on their lives. You have part of the information and your partner has the rest. Exchange information with your partner and then indicate whether each person views television positively or negatively.

Sergio	Creo que la televisión tiene valor precisamente porque presenta información sobre los animales y el medio ambiente.
María	No puedo creer que permitamos programación como ésta. No permito que mis niños vean la tele.
Eduardo	Es posible aprender mucho viendo la tele. Creo que hay algo para todos en la tele, día y noche.
Corazón	Estoy convencida que la televisión ha ayudado a muchas personas y tal vez salvado algunas vidas.

¿Opinión positiva o negativa?

1. Enrique _____ 3. Carla _____

2. Mari _____ 4. Geraldo _____

Do most people interviewed feel that television is a negative or a positive influence? On a separate sheet of paper, write a brief report on what you have learned and then add your own opinions and explain why you feel the way you do.

8-3A You and your partner work the night shift at a newspaper. While preparing the next day's edition, the two of you have unintentionally scrambled chunks of text from various sections of tomorrow's paper. To keep your jobs you must work together to sort out the scrambled pieces. First place the pieces of text given below in the appropriate section of your chart, then read them to your partner so that he or she can sort them as well. Next get the pieces that your partner has found and sort them. After you've finished, compare your charts to see if you've placed the text correctly.

#1: El señor Alejandro Negrete Ecco, 76 años, de Belgrano, falleció el miércoles, 21 de enero.

#2: El nuevo grupo Onda toca en el Club 21 el próximo sábado.

#3: En mi opinión, es nuestra responsabilidad establecer una zona peatonal en nuestra ciudad. Hay mucho tráfico y tenemos que proteger a la gente que camina.

#4: ¿Me puedes recomendar una frutería donde pueda comprar fresas y frutas?

los editoriales	los obituarios	la sección deportiva	la sección de cocina	la sección de ocio	los anuncios clasificados

8-4A You and your partner work for an independent poll-taking organization. Your company has been hired by the **El Pollo Grande** fast-food chain to poll consumer attitudes towards their new sandwich made with synthetic chicken manufactured from recycled paper. Read the following statements from customers to your partner so that he or she can catalog them and interpret the data.

#1: "¿El pollo es sintético? ¡No me digas! Me parece como pollo de verdad."

#2: "No me lo puedo creer. Es increíble que piensen vender un sándwich tan pésimo como éste."

#3: "¿Esto no es pollo? Bueno, para decir la verdad, no es ninguna sorpresa."

#4: "¡Qué sorpresa! Parece mentira que sirvan esto. No voy a comer aquí nunca más."

#5: "¡No puede ser! Sin duda alguna es el mejor pollo que he comido en mi vida."

Now your partner will give you statements made by people at the pre-release screening of a new sci-fi romance movie, **El amor marciano**. Interpret and then catalog each statement in the chart below. Then make a statement as to whether you think the film will be a success (**éxito**) or not.

	#1	#2	#3	#4	#5
+					
−					

Con base en las 5 respuestas:

_____

CAPÍTULO 8

Communicative Activities 8-3B and 8-4B

8-3B You and your partner work the night shift at a newspaper. While preparing the next day's edition, the two of you have unintentionally scrambled chunks of text from various sections of tomorrow's paper. To keep your jobs you must work together to sort out the scrambled pieces. First place the pieces of text given below in the appropriate section of your chart, then read them to your partner so that he or she can sort them as well. Next get the pieces that your partner has found and sort them. After you've finished, compare your charts to see if you've placed the text correctly.

#1: Encuentro pésima esta película. No recomiendo que la vea el público.

#2: Se vende casa; sala, comedor, cocina, 2 recamaras, 2 baños. Buenas condiciones.

#3: El Buenos Aires perdió por veintún puntos ante el equipo mexicano.

#4: Es evidente que la contaminación en esta ciudad ha empeorado. ¡Hay que combatirla!

los editoriales	los obituarios	la sección deportiva	la sección de cocina	la sección de ocio	los anuncios clasificados

8-4B You and your partner work for an independent poll-taking organization. Your company has been hired by the **El Pollo Grande** fast-food chain to poll consumer attitudes towards their new sandwich made with synthetic chicken manufactured from recycled paper. Your partner will read you statements from customers, which you must interpret and catalog. Then make a statement as to whether you think the new chicken sandwich will be a success (*éxito*) or not.

	#1	#2	#3	#4	#5
+					
−					

Con base en las 5 respuestas:

_____

Now give your partner the following statements made by people at the pre-release screening of a new sci-fi romance movie, **El amor marciano**, so that he or she can catalog them and interpret the data.

#1: "Dudo que esta película tenga mucho éxito. ¡Es la película menos interesante del año!"

#2: "¡Es increíble que haya personas que piensen que esta película es buena!"

#3: "¡Esta película es pura basura. La verdad, no me lo esperaba. Esperaba algo mejor."

#4: "No creo que los efectos especiales sean muy buenos. La verdad es que no me gustó la película."

#5: "¡Qué sorpresa! No sabía que iba a ser muy bueno, pero tiene unos efectos especiales estupendos."

Nombre _____ Clase _____ Fecha _____

¡Ven conmigo! Level 3, Chapter 8   Chapter Teaching Resources, Book 2   **169**

CAPÍTULO 8

Teaching Transparency Master 8-2

CAPÍTULO 8

Teaching Transparency Master 8-1

1. **Listening:** For each of the characters shown in the transparency prepare some statements in which they react to the news they are reading, seeing, or hearing. Read the reactions and ask the students to identify which character is speaking.

2. **Speaking:** Ask students to role-play one of the characters. Based on the character that they have chosen, they should react with surprise, doubt, certainty, or amazement to the news that they have heard, seen, or read.

3. **Reading/Writing/Pair work:** Prepare sentence fragments that express surprise, doubt or certainty and ask students to complete them based on the characters in the transparency.
   MODELO **Parece mentira que...**
   Parece mentira que el terremoto haya destruido tantos edificios.

4. **Writing/Group work:** Have students work in small groups to write conversations between one of the characters shown in the transparency and a friend. The character is telling his or her friend about the news that he or she has heard and is also telling the friend his or her reaction to it. The friend then responds to the news.

Teaching Transparency Master 8-2

1. **Listening:** Prepare at least three conversations to read to the students. One of the conversations should be one that the student editorial staff portrayed in the transparency might possibly have. The other two conversations should concern unrelated topics. Ask students to identify the conversation that corresponds to the illustration.

2. **Speaking/Pair work:** Ask students to work in pairs to role-play the following situation. Each student chooses one of the characters from the transparency to portray and says what he or she thinks that issue of the newspaper should include and why. Each student should also react to his or her partner's statements and then argue in favor of his or her topics. Ask the students to be prepared to present their conversations in front of the class.
   MODELO **Estoy convencido(a) que debemos incluir un artículo sobre las próximas elecciones municipales.**
   Es imposible que podamos hacerlo en el poco tiempo que nos queda.
   Quizás sea mejor escribir un reportaje sobre...

3. **Writing/Group work:** Have students work in small groups to write an article or an editorial for the student newspaper pictured. They may choose to use one of the topics suggested by the photos in the illustration or they may create one of their own.

◆ Additional Listening Activities

■ PRIMER PASO

8-1 Listen as Antonio and Marta talk about what's in today's paper. Based on what you hear, answer the questions.

_____ 1. Antonio and Marta are talking about ____
   a. movies they like.
   b. interactive movies.
   c. planning to see a movie together.

_____ 2. Who do you think likes technology more?
   a. Antonio
   b. Marta
   c. Both

_____ 3. Which of the following activities do you think Antonio would like to do the most?
   a. read literature
   b. go to the history museum
   c. play videogames

_____ 4. Imagine you want to talk to Marta about interactive television. How would she react?
   a. positively
   b. with enthusiasm
   c. with disbelief

8-2 Nidia and Pilar are asking Paco questions about the latest news because they know he pays very close attention to current events. Listen to their conversations and for each item listed, indicate what Paco's source for that bit of news was.

	TV	radio	guía de televisión	la prensa	uncertain
1. el accidente					
2. la nueva teleserie					
3. Mariana Mariana					
4. el robo					

¡Ven conmigo! Level 3, Chapter 8

8-3 People sometimes think that a party is a great place to get professional advice for free. Listen to some brief conversations at this party for TV personalities and, on your answer sheet, indicate if the expert questioned expresses doubt, certainty, or claims to be ignorant of the facts.

	Doubt	Ignorance	Certainty
1.			
2.			
3.			
4.			
5.			

■ SEGUNDO PASO

8-4 The editor of a television entertainment news program is having a conversation with his assistant editor about the stories that may be broadcasted tonight. Listen to their conversation and complete the chart to show which stories are likely to appear on today's program.

Imposible		Posible
	Mariana Mariana	
	Buitre Rivalta	
	Museo de culturas populares	
	Restaurante árabe	
	Rosa de Valencia	

CAPÍTULO 8

Additional Listening Activities

8-5 Listen as Celia and Gabriela talk about what they read in today's paper. Based on what you hear, answer the questions.

_____ 1. What section of the newspaper do you think they're reading?
  a. the sports section
  b. the fashion section
  c. the section on technology

_____ 2. How does Gabriela react to the news?
  a. She's enthusiastic
  b. She's doubtful.
  c. She's surprised.

_____ 3. How does Celia know what Gabriela is thinking?
  a. She's learned to read minds.
  b. She didn't. She just guessed.
  c. It's unclear.

8-6 Norma and Ofelia are reading the newspaper during a break at school. Listen and check in the chart if for each section in the newspaper they express possibility or surprise. Keep in mind that the sections listed in the chart are not in order.

Possibility		Surprise
	sección de ocio	
	sección de moda	
	anuncios clasificados	
	sección de sociedad	

POEM

José Fernández Madrid (1789–1830) fue un colombiano que vivió durante el tiempo de la independencia de su patria. Fue doctor en medicina y en derecho y es más conocido por su incoherente vida política que por sus versos. Sin embargo, este poeta representa al cantor colombiano de la independencia. Lo mejor de su producción literaria son sus composiciones festivas. *La hamaca* es un ejemplo de su estilo ligero.

La hamaca

No canto los primores
Que otros poetas cantan,
Ni cosas que eran viejas
En tiempo del rey Wamba:
Si el alba llora perlas,
Si la aurora es rosada,
Si murmura el arroyo,
Si el lago duerme y calla.
¡Salud, salud dos veces
Al que inventó la hamaca!

Al modo que en sus nidos,
Que cuelgan en sus ramas,
Las tiernas avecillas
Se mecen y balanzan;
Con movimiento blando,
En apacible calma,
Así yo voy y vengo
Sobre mi dulce hamaca;
¡Salud, salud dos veces
Al que inventó la hamaca!

Suspendida entre puertas
En medio de la sala,
¡Qué cama tan suave,
Tan fresca y regalada!
Cuando el sol con sus rayos
Ardientes nos abraza,
¿De qué sirven las plumas
Ni las mullidas camas?
¡Salud, salud dos veces
Al que inventó la hamaca!

¡Tan fresca y regalada!
Cuando el sol con sus rayos
Ardientes nos abraza,
¿De qué sirven las plumas
Ni las mullidas camas?
¡Salud, salud dos veces
Al que inventó la hamaca!

This poem is recorded on *Audio CD 8* and also on *Audiocassette 11: Songs*. Although it is presented in this chapter, it can be used at any time.

CAPÍTULO 8

Realia 8-1

No se "haga sombra" ¡ Infórmese, pero bien !

El Sol de México

ANALISIS · OPINION · ACCION · LIDERAZGO · DISTINCION

Opinar sin saber obscurece su imagen, deteriora su credibili-dad,... ¡ lo hace verse muy mal ! Haga suyo el poder de la infor-mación... certera, plural, com-pleta, objetiva, confiable. Aclare sus dudas y domine el conoci-miento de su tiempo, infórmese en El Sol de México.

● Los columnistas más destacados como Mauricio González de la Garza, Manuel Mejido, Catón, Enrique Castillo Pesado, Carlos Albert, Shanik Berman, Mario Riaño,...

● Toda la información: internacio-nal, nacional, social, financiera, deportiva, cultural,...

● Las mejores agencias noticiosas internacionales.

● La más avanzada tecnología in-formativa. El único diario enla-zado vía satélite con los otros 71 diarios de Organización Editorial Mexicana, la empresa periodís-tica más importante de América Latina.

El Sol de México
INFORMACION ES PODER

CAPÍTULO 8

¡Escucha Radio 97!

Vive a un ritmo diferente. Una radio a tu ritmo de vida, que es el mejor. Aquí está tu música, de los clásicos y de los modernos. Todo el mundo sabe que es una radio con alma. El alma de la buena música. Aquí te esperamos.

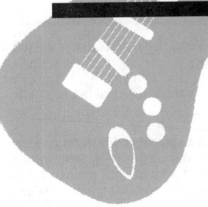

Si no estás escuchando Radio 97, no estás al tanto de la buena música.

CAPÍTULO 8

Realia 8-1: Newspaper advertisement

1. **Reading/Pair work:** Have students read over the advertisement and answer the following questions. What is being advertised? (the newspaper *El Sol de México*) How does the advertisement try to convince you to buy the product? (it pledges to provide up-to-date information) Would this advertisement convince you to buy the product? Why or why not?

2. **Writing:** Create an advertisement for a newspaper, magazine, news program, or other informative medium. Your advertisement may be sincere or it may make outrageous claims.

3. **Speaking/Group work:** Divide the class into small groups. Each group has the advertisements for several newspapers in front of them (the realia advertisement and one or more from the writing activity above). The students in each group discuss which newspaper they want to subscribe to.

4. **Listening:** Read or state claims from an advertisement for a newspaper. You may use the realia advertisement or the advertisements created by your students in the writing activity above. Students respond to each claim you make by saying whether or not they believe the claim. They should try to use as many of the expressions from the chapter as possible.

Realia 8-2: Radio station advertisement

1. **Reading:** Have students read over the advertisement and answer the following questions. What is being advertised? (a rock radio station) If you were flipping through the pages of a magazine, would this ad catch your eye? Why or why not? What claim is this advertisement making? Is this a reasonable claim? Why or why not?

2. **Writing/Group work:** In small groups have students brainstorm an idea for a special radio program they would like to produce. Then have them write a script for a radio ad advertising their program. They should work entirely in Spanish and incorporate as many of the expressions from the chapter as possible.

3. **Speaking:** Ask for volunteers to present their scripts from the writing activity to the class. After presenting their advertisement, students role-play the part of radio station representatives and answer questions from the class about their upcoming radio program.

4. **Listening:** Ask the class comprehension questions about their classmates' proposed radio programs.

Situation Cards 8-1, 8-2, 8-3: Interviews

Situation 8-1: Interview

You and a friend are talking about a bank robbery that recently occurred in your town. Your friend asks you the following questions. How would you respond?

¿Qué sabes de lo que pasó?

¿Tiene la policía algunas pistas?

¿Crees que la policía vaya a capturar a los ladrones?

¿No te parece mentira que ellos hayan podido hacerlo tan fácilmente?

Situation 8-2: Interview

You are an athlete. A journalist from the school newspaper would like to do an article about you. She or he asks you these questions. How would you answer them?

¿Cómo te sientes de ser la estrella del equipo?

¿Es posible ser un gran deportista y sacar buenas notas?

¿Puedes creer que tu equipo esté en primer lugar?

¿Es probable que tú ganes una beca para jugar en un equipo universitario?

Situation 8-3: Interview

You and a friend are talking about your local television stations and newspapers. React to the following statements that your friend makes.

Es cierto que los del canal tres siempre tienen los mejores documentales.

No cabe la menor duda de que los editoriales de *El Mundo* son los peores.

Quizás el canal cinco vaya a ganar un premio por sus reportajes.

Cuando quiero informarme sobre los deportes leo la sección deportiva de *La Estrella*.

CAPÍTULO 8

Situation Cards 8-1, 8-2, 8-3: Role-play

Situation 8-1: Role-play

Student A   You and **Student B** are taking part in a round table discussion about students and the media on the local cable channel. Ask **Student B** if students spend too much time watching television and if television and commercials in particular influence students negatively.

Student B   Tell **Student A** that it is important for students to be well informed and that television is an excellent source of information. Say that it's true that most students spend too much time watching TV, but that you doubt they are overly influenced by it.

Dudo que...   ¿tú crees que...?   es cierto que...   los anuncios
estar bien informado(a)

Situation 8-2: Role-play

Student A   You and **Student B** are talking about the fact that the Brazilian soccer team, which was favored to win, has just lost the World Cup. Tell **Student B** that you can't believe that they lost and that it caught you totally by surprise. Finally tell **Student B** that you are sure that they'll win next year.

Student B   Tell **Student A** you can't believe that they lost either and that it's impossible that the best team lost. Suggest that the cold weather probably contributed to their defeat and say that maybe they'll have better luck next year.

es imposible que...   estoy seguro que...   no me lo puedo creer
¡qué sorpresa!   no me lo esperaba   tal vez   tener suerte

Situation 8-3: Role-play

Student A   You and **Student B** are talking about how you get your news. Ask **Student B** if he or she is up to date on the latest political news from Latin America. Tell him or her that you always read the editorials and you never watch television because the commercials annoy you.

Student B   Tell **Student A** that you don't know a thing about politics and that your favorite part of the newspaper is the comics. Also say that you can't believe that he or she doesn't watch television because everyone knows that it's the best way to stay informed.

estar al tanto   los anuncios   las tiras cómicas   fastidiar

CAPÍTULO 8

6 ¿Juana o Clarice? p. 197

Juana piensa que hay demasiada violencia en la televisión. Clarice cree que el problema de la violencia es exagerado. Escucha cada frase e indica si la dijo Juana o Clarice.

	Juana	Clarice
1.		
2.		
3.		
4.		
5.		

11 En la tele p. 198

Vas a escuchar cinco oraciones. Indica qué palabra del **Vocabulario** va mejor con cada frase que escuchas.

1. _____

2. _____

3. _____

4. _____

5. _____

16 Una revista internacional p. 204

Indica qué frase expresa lo contrario de cada frase que escuchas.

1. _____

2. _____

3. _____

4. _____

CAPÍTULO 8

Student Response Forms

26 Fama y fortuna p. 206

Escucha las siguientes noticias de una emisora argentina e indica a qué personaje famoso se refiere cada noticia. Mira las fotos en la página 206 de tu libro de texto.

1. _____
2. _____
3. _____
4. _____
5. _____

Repaso Activity 4 p. 213

Escucha el siguiente pronóstico meteorológico *(weather forecast)* y luego escribe seis frases sobre el pronóstico.

1. _____
2. _____
3. _____
4. _____
5. _____
6. _____

CAPÍTULO
8

Los medios de comunicación

■ PRIMER PASO

Maximum Score: 50

I. Listening

A. Listen as Berta and Jaime try to decide what they'll watch on television. Then indicate whether the statements that follow are **a) cierto** or **b) falso.** (10 points)

_____ 1. Jaime duda que haya muchas noticias internacionales en el noticiero de la televisión.

_____ 2. Berta cree que es mejor informarse sobre noticias internacionales leyendo el periódico.

_____ 3. Es seguro que hay un documental a las diez en el canal ocho.

_____ 4. Jaime cree que hay demasiada publicidad política en la televisión.

_____ 5. Los amigos probablemente no van a ver televisión ahora.

SCORE ☐

II. Reading

B. Read the following listings from a Buenos Aires TV station and then choose the correct answers to complete the statements. (14 points)

TV-4
MAÑANA
7:30 ¡Qué tal, Buenos Aires!: Magazine informativo con Máximo Gómez
8:00 Dibujos animados
10:15 Noticias matinales con Julián Szulc
11:00 Telenovela: Corazón libre
11:30 Actualidades: ¡Vístete bien y a la última!
12:00 Libro de cocina (hoy: el pan francés)
TARDE
14:30 Cursillo de idiomas: Introducción al francés
15:30 Telenovela: María
18:00 Informe político: Conferencia de prensa Secretario de Educación
19:30 Programación infantil: Barrio mágico
NOCHE
21:00 Telenoticias con Estela Maroni
21:30 Cine: Festival de películas de los años 50
0:30 Reportaje cultural: Los indígenas de Chile
4:00 Despedida y cierre

6. Hay noticieros _____.
   a. por la mañana y por la noche
   b. por la mañana sólo
   c. por la tarde sólo

7. TV-4 es el nombre _____.
   a. de la emisora
   b. del documental
   c. del anuncio

8. Máximo Gómez, Julián Szulc y Estela Maroni son los nombres de unos _____.
   a. anuncios   b. locutores   c. reportajes

9. Si no sabes ni jota de la lengua francesa y piensas viajar a París, debes mirar _____.
   a. "Cursillo de idiomas"
   b. "Libro de cocina"
   c. "Actualidades"

10. Si quieres estar al tanto de la moda, puedes ver _____.
    a. "Actualidades"   b. "María"
    c. "Barrio mágico"

11. Para estar bien informado sobre la política se puede ver un programa a las _____.
    a. 8:00   b. 0:30   c. 18:00

CAPÍTULO 8

Quiz 8-1

12. La cadena deja de transmitir a las _____.
    a. siete y media de la mañana
    b. doce de la tarde
    c. cuatro de la mañana

SCORE [ ]

III. Writing

C. It seems that Lidia believes everything she hears or reads. Use five different expressions of doubt, disbelief, or certainty from the **Primer paso** to tell her whether you believe what she says or not. (20 points)

13. Oye, dicen que el actor Brad Pitt va a ser el nuevo director del colegio. ¿Tú crees que es verdad?

    _____

14. ¡Todo el mundo dice que vamos a tener un examen en la clase de matemáticas!

    _____

15. Leí que las computadoras del futuro serán más pequeñas y mucho mejores.

    _____

16. Dicen que la reina de Inglaterra es un robot controlado desde el espacio *(outer space)*.

    _____

17. Vi en un anuncio que se puede bajar de peso con una dieta de puro chocolate.

    _____

SCORE [ ]

IV. Culture

D. Indicate whether the following statements are **a) cierto** or **b) falso**. (6 points)

_____ 18. Los latinoamericanos cuentan sólo con la televisión para las noticias, novelas y programas deportivos.

_____ 19. La Argentina tiene lazos muy fuertes todavía con Europa.

_____ 20. Los argentinos sólo miran programas de los Estados Unidos o de Latinoamérica.

SCORE [ ]

TOTAL SCORE [ ] /50

CAPÍTULO

8 Los medios de comunicación

■ SEGUNDO PASO

Maximum Score: 50

I. Listening

A. Listen to the López family as they talk about reading the Sunday newspaper. Based on the section of the newspaper each person is looking for, indicate on your answer sheet which headline he or she is probably interested in. (10 points)

_____ 1. La señora López

_____ 2. Javier

_____ 3. Yolanda

_____ 4. El señor López

_____ 5. El abuelo

a. **Funerales de la estimada señora Almaviva el quince de marzo**
b. **Argentina se enfrenta hoy a la poderosa selección uruguaya de fútbol**
c. **Menéndez victorioso en elecciones estatales**
d. **CALVIN Y HOBBES©**
e. *Se abre una importante exhibición de pintura contemporánea*

SCORE [   ]

II. Reading

B. Alberta and Raimundo are talking about a student newspaper they'd like to start at their school. Read their conversation, then choose the item that correctly completes each statement. (10 points)

ALBERTA   Bueno, Raimundo, primero tenemos que decidir quiénes serán nuestros periodistas.
RAIMUNDO   Muy bien, claro que seremos tú y yo quienes escribirán los editoriales, ¿no?
ALBERTA   Por supuesto. A ver, ¿quién queremos que escriba la sección de ocio?
RAIMUNDO   Carlos, claro. Siempre está al tanto de las películas y es fanático de la música también. ¿Y quién escribirá la sección de deportes?
ALBERTA   ¿Qué tal si la escribe Juan?
RAIMUNDO   Bueno, que yo sepa es difícil que le interese mucho...
ALBERTA   Entonces, puede ser que María Teresa sea mejor para escribir esa sección. Estoy segura que practica varios deportes. Y a Juan, a lo mejor a él le gusten más las tiras cómicas. Sabe dibujar de maravilla y tiene un muy buen sentido del humor.
RAIMUNDO   ¿Juan dibuja bien? ¡Qué sorpresa! No me lo esperaba... Hmm, y la sección de moda y sociedad, ¿quién quieres que la escriba?
ALBERTA   Bueno, tal vez tú seas el mejor para escribir esa sección...
RAIMUNDO   ¿Yo? ¡Pero si no sé ni jota de la moda!
ALBERTA   Exactamente, Raimundo. Así se aprende. Y yo no sé nada de la economía, pero voy a escribir los artículos de la sección financiera.
RAIMUNDO   ¡Mmm, dudo que sean muy buenas esas dos secciones!

6. _____ otros periodistas escriban los editoriales.
   a. Es fácil que   b. Es improbable que

7. _____ Carlos prefiera escribir la sección financiera.
   a. Es difícil que   b. Es probable que

8. _____ a María Teresa le gustan los deportes.
   a. Tal vez   b. Es cierto que

CAPÍTULO 8

Quiz 8-2

9. _____ Juan sea la mejor persona para escribir las tiras cómicas.
   a. Puede ser que   **b.** Es imposible que

10. Según Raimundo, _____ la sección financiera y la sección de moda no sean muy buenas.
    a. es difícil que   **b.** es posible que   SCORE [   ]

III. Writing

C. You and your friends are sitting around looking at the newpaper. For each of the following statements they make, write two sentences in response: one expressing surprise, and the second expressing the impossibility of the thing mentioned. Be sure to use the subjunctive when necessary, and use a variety of expressions. (20 points)

11. ¡Mira este anuncio clasificado! Venden un carro por cien dólares, ¡y está en buenas condiciones!

   _____

12. ¿Leíste el artículo en la primera plana del periódico? Dice que a mucha gente le encanta la contaminación.

   _____

13. En la sección de cocina hay un artículo sobre la grasa. Según el artículo, muchos médicos dicen que es muy buena para la salud.

   _____

14. ¡En la sección de deportes dice que un hombre en Japón corrió cien millas en un día!

   _____

15. ¿Sabías que es más barato viajar a Europa que a México? ¿Tú crees que sea verdad?

   _____

SCORE [   ]

IV. Culture

D. Decide whether each of the following statements is **a) cierto** or **b) falso.** (10 points)

_____ 16. En un kiosko se pueden comprar periódicos y revistas.

_____ 17. Las personas que trabajan en los kioskos se llaman porteños.

_____ 18. Hay pocos kioskos que están abiertos más de 12 horas al día.

_____ 19. Hay kioskos en todas la grandes ciudades de los Estados Unidos.   SCORE [   ]

_____ 20. Los kioskos son tiendas en miniatura, donde se vende un poco de todo.   TOTAL SCORE [   ] /50

CUMULATIVE SCORE FOR QUIZZES 1–2 [   ] /100

CAPITULO 8

CAPÍTULO 8

Los medios de comunicación

I. Listening

Maximum Score: 30 points

A. Listen as María chats with a few of her friends. For each item, indicate whether María's friend responds with **a)** doubt, **b)** certainty, or **c)** surprise or disbelief. (14 points)

_____ 1. a. b. c.

_____ 2. a. b. c.

_____ 3. a. b. c.

_____ 4. a. b. c.

_____ 5. a. b. c.

_____ 6. a. b. c.

_____ 7. a. b. c.   SCORE _____

B. Listen as Pilar and Mario discuss some of the things they like and like to do. Based on what they like, try to predict which sections of the newspaper listed below would most likely appeal to **a)** Pilar, **b)** Mario, **c)** neither, or **d)** both. (16 points)

_____ 8. los anuncios clasificados

_____ 9. los editoriales

_____ 10. la sección deportiva

_____ 11. la sección de cocina

_____ 12. la sección de ocio

_____ 13. la sección de moda

_____ 14. los titulares

_____ 15. la sección financiera   SCORE _____

CAPÍTULO 8

Chapter 8 Test

II. Reading

C. Read the following magazine article about an awards *(premios)* ceremony for excellence in the Argentine press, then answer the questions that follow. (20 points)

XXVI^{os} Premios de Excelencia en la Prensa

Los XXVI^{os} premios de excelencia en la prensa argentina fueron otorgados el jueves 14 en una ceremonia de gala en el Salón de Exhibiciones Rodolfo Walsh. El gran premio por comentario editorial fue para Jorge Maceda, por sus editoriales políticos y sociales en el diario *La Opinión Porteña*. "Es posible que yo sea el hombre más feliz del mundo esta noche. Casi parece mentira que me paguen por hacer un trabajo que tanto amo, y que encima de eso me den un premio. ¡No me lo esperaba!," dijo Jorge Maceda al enterarse de su premio. Otra premiada por su labor periodística fue Margarita Guzmán, escritora de la sección financiera de *La Voz de Tucumán*. "¡No me lo puedo creer! Tal vez este premio sea más bien de mis padres que mío. Ellos me han apoyado mucho, tanto intelectual como moralmente," dijo la periodista. La cadena de televisión más galardonada fue la Tele-14; recibió 6 premios. Mejor noticiero: "Hora a hora"; mejor documental: "El tango: la esencia de la Argentina" (dirigido por Marta Burgos Quiroga); y mejor locución: la locutora Silvia Giberti en el programa informativo "TeleInformes". Dijo Juan Luis Quintana, presidente ejecutivo de la Tele-14: "Claro que estos premios son un gran honor, pero para mí no es ninguna sorpresa. Lo que pasa es que todos nosotros en Tele-14 sabemos que es imposible que el público esté bien informado si nosotros mismos no estamos siempre al tanto de lo que pasa en el mundo. Sin duda alguna, no creo que la excelencia en el reportaje sea posible sin la dedicación de todos. Dudo que haya un equipo de periodistas, técnicos y escritores mejor que el de Tele-14."

Choose the answers that correctly complete the statements. (20 points)

_____ 16. Se dieron los premios por excelencia en _____.
    a. sólo los periódicos y las revistas
    b. sólo la radio y la televisión
    c. todos los medios de comunicación

_____ 17. Jorge Maceda escribe en la sección de _____ de un diario de Buenos Aires.
    a. ocio
    b. editoriales
    c. sociedad

_____ 18. Jorge Maceda dice que _____ que le paguen por hacer un trabajo que ama.
    a. es imposible
    b. duda
    c. es increíble

CAPÍTULO 8

_____ 19. Margarita Guzmán es una _____ para *La Voz de Tucumán*.
  a. emisora
  b. periodista
  c. cadena

_____ 20. *La Voz de Tucumán* es _____.
  a. un periódico
  b. una emisora
  c. un anuncio

_____ 21. Margarita Guzmán _____ que su premio debe ser de sus padres también, por toda su ayuda.
  a. duda
  b. no está segura
  c. está convencida

_____ 22. Según los jueces *(judges)* de la ceremonia, si quieres ver las noticias en la Argentina, el mejor programa es _____.
  a. TeleInformes
  b. Tele-14
  c. Hora a Hora

_____ 23. La persona que recibió el premio de mejor locutor(a) fue _____.
  a. Marta Burgos Quiroga
  b. Juan Luis Quintana
  c. Silvia Giberti

_____ 24. Juan Luis Quintana no duda que _____.
  a. los que trabajan en Tele-14 están al tanto de las noticias
  b. los premios han sido una gran sorpresa
  c. la gente que mira Tele-14 no sabe ni jota de las noticias

_____ 25. Según Juan Luis Quintana, es difícil que _____.
  a. haya un programa mejor que "TeleInformes"
  b. haya mejores periodistas, técnicos y escritores que los de su cadena
  c. "Hora a Hora" sea el mejor noticiero

SCORE ☐

D. Decide whether each of the following statements is **a) cierto** or **b) falso.** (10 points)

_____ 26. Jorge Maceda was surprised at having won his award.

_____ 27. Margarita Guzmán was sure she was going to win.

_____ 28. Juan Luis Quintana says that people who watch news on other networks are not well-informed.

_____ 29. An award for Tele-14 came as a shock to Juan Luis Quintana.

_____ 30. Juan Luis Quintana thinks his network is worthy of the award.

SCORE ☐

CAPÍTULO 8

Chapter Test

III. Culture

E. Indicate whether each statement is **a) cierto** or **b) falso**. (10 points)

_____ **31.** Los habitantes de Buenos Aires se llaman porteños.

_____ **32.** Los latinoamericanos usan la televisión más que la radio.

_____ **33.** La Argentina ya no tiene muchos lazos *(ties)* con los países europeos.

_____ **34.** Mucha gente argentina mira programas ingleses de la cadena BBC.

_____ **35.** Los kioskos de Buenos Aires venden de todo.

_____ **36.** En los Estados Unidos hay más programas europeos en la televisión que en la Argentina.

_____ **37.** Los medios de comunicación argentinos se parecen muchísimo al sistema de los Estados Unidos.

_____ **38.** A veces los kioskos porteños están abiertos 24 horas al día.

_____ **39.** Un kiosko es un tipo de confitería.

_____ **40.** En Latinoamérica pasan telenovelas por la radio.

SCORE _____

CAPÍTULO 8

IV. Writing

Maximum Score: 30 points

F. Look at the following headlines. For each one, write two sentences expressing doubt, disbelief, certainty, surprise, possibility, or impossibility. (30 points)

41. **¡Perro gigante come la ciudad de Nueva York!**

_____

_____

_____

_____

42. **Tom Hanks ganó el premio Oscar® de mejor actor**

_____

_____

_____

_____

43. **Canadá ha declarado la guerra a los Estados Unidos**

_____

_____

_____

_____

44. **Los expertos: hay más contaminación del agua que en 1980**

_____

_____

_____

_____

Chapter 8 Test

45. **Vieron a Elvis en un restaurante de** *fast food*

_____

_____

_____

_____

46. **El público quiere más anuncios en la tele**

_____

_____

_____

_____

SCORE [   ]

TOTAL SCORE [   ] **/100**

CAPÍTULO 8

CAPÍTULO 8 Chapter Test Score Sheet

Circle the letter that matches the most appropriate response.

I. Listening
Maximum Score: 30 points

A. (14 points)

1. a b c
2. a b c
3. a b c
4. a b c
5. a b c
6. a b c
7. a b c

SCORE [   ]

B. (16 points)

8. a b c d
9. a b c d
10. a b c d
11. a b c d

12. a b c d
13. a b c d
14. a b c d
15. a b c d

SCORE [   ]

II. Reading
Maximum Score: 30 points

C. (20 points)

16. a b c
17. a b c
18. a b c
19. a b c
20. a b c

21. a b c
22. a b c
23. a b c
24. a b c
25. a b c

SCORE [   ]

D. (10 points)

26. a b
27. a b
28. a b
29. a b
30. a b

SCORE [   ]

III. Culture
Maximum Score: 10 points

E. (10 points)

31. a b
32. a b
33. a b
34. a b
35. a b

36. a b
37. a b
38. a b
39. a b
40. a b

SCORE [   ]

IV. Writing

Maximum Score: 30 points

F. (30 points)

41. _____

_____

_____

_____

42. _____

_____

_____

_____

43. _____

_____

_____

_____

44. _____

_____

_____

_____

45. _____

_____

_____

_____

46. _____

_____

_____

_____

SCORE [   ]

TOTAL SCORE [   ] /100

CAPÍTULO 8

¡Ven conmigo! Level 3, Chapter 8

CAPÍTULO

8

RESOURCES

Scripts and Answers

Scripts for Additional Listening Activities

Additional Listening Activity 8-1, p. 172

ANTONIO   Oye, Marta, ayer leí en el periódico que ya hay películas en las que la gente puede decidir qué pasa. Estas películas se llaman interactivas.

MARTA   ¿Tú crees que sea verdad, Antonio?

ANTONIO   Sí, es cierto. En el periódico vi la fotografía de la gente en la sala de cine. Es evidente que ellos disfrutaban la película.

MARTA   No estoy segura que lo que leíste fuera verdad. Ya ves que a los periódicos les encanta decir mentiras.

ANTONIO   No cabe la menor duda, Marta. Había mucha gente en la sala de cine.

MARTA   Dudo que la gente se divierta haciendo eso. ¿No crees?

ANTONIO   Al contrario, Marta. Estoy convencido que las películas interactivas van a ser muy populares en el futuro.

MARTA   Parece mentira que a la gente le guste eso. Me parece muy tonto.

ANTONIO   Ay, Marta. Estoy seguro que nunca vas a cambiar de opinión.

MARTA   ¿Tú crees?

Additional Listening Activity 8-2, p. 172

NIDIA   Paco, Paco, ¿supiste que hubo un accidente en la carretera que va a Huelva?

PACO   Sin duda alguna. Lo escuché ayer en las noticias de la radio. Es obvio que fue un accidente grave.

PILAR   Paco, ¿tú sabes a qué hora comienza la nueva teleserie en el canal siete?

PACO   Por supuesto. La nueva teleserie comienza a las ocho de la noche. Pero no estoy seguro que lo haya leído esta mañana en la guía de televisión o el periódico.

NIDIA   ¿Sabías que la cantante Mariana Mariana está aquí en Sevilla?

PACO   Ay, Nidia. Todo el mundo sabe que Mariana Mariana está aquí. ¿No tienes televisor? Sólo necesitas encenderlo dos minutos para que no te quepa la menor duda de que Mariana Mariana está en Sevilla.

PILAR   Paco, ¿es cierto que robaron el banco anoche?

PACO   No sé, dudo que robaran el banco. No creo que lo haya leído en el periódico esta mañana, ni que lo haya escuchado en la radio.

Additional Listening Activity 8-3, p. 173

1.   MARTÍN   Señor Gálvez, la señora Álvez es el candidato mejor informado sobre el tránsito, ¿no?

  SR. GÁLVEZ   Al contrario. Me parece que no sabe ni jota de autopistas ni carreteras.

2.   SR. PÉREZ   Señor Méndez. Usted es el comentarista para el programa Los Tres Pensadores, ¿verdad? Estoy convencido que el precio del petróleo va a subir este año. ¿Qué le parece?

  SR. MÉNDEZ   ¿Qué sé yo? No puedo estar al tanto de todo y mi campo especial es más bien las ciencias.

3.   SRA. PINO   Ah, entonces, ¿es usted la locutora del noticiero del canal 1? Oiga, ¿es cierto que van a permitir anuncios comerciales en la cadena de televisión pública?

  SRA. ROJA   No cabe la menor duda. Es evidente que sólo así podemos enfrentar nuestros problemas financieros.

4.   MARCOS   Dicen que la nueva emisora KOSA va a ser muy popular porque sólo tocará música computarizada. ¿Tú qué crees?

  DIEGO   Mira, no tengo la menor idea. Que yo sepa esa emisora todavía no tiene un plan de programación.

5.   SR. CANCEL   Oiga, doctora, ¿es verdad que los médicos nunca tienen oportunidad de descansar y relajarse?

  SRA. SABATER   Es obvio que usted comprende la situación muy bien. Por eso no va a enojarse si no contesto la pregunta.

Additional Listening Activity 8-4, p. 173

PEDRO   ¿Tenemos lista la entrevista con la cantante Mariana Mariana?
PABLO   Es posible que esté lista a las siete, una hora antes del noticiero.
PEDRO   ¿Ya envió el corresponsal de España su reportaje sobre el futbolista el Buitre Rivalta?
PABLO   Es imposible que lo haga. Yo creo que el corresponsal está durmiendo ahora, así que recibiremos el reportaje hasta mañana.
PEDRO   ¿Qué pasó con el documental sobre el nuevo museo de culturas populares?
PABLO   Es fácil que yo lo termine de editar y estará listo en media hora. Va a durar dos minutos y medio.
PEDRO   ¿Ya terminó la reportera López su reportaje sobre el nuevo restaurante de comida árabe?
PABLO   Yo creo que sí es posible que lo termine antes de las ocho. La vi trabajando en el cuarto de edición.
PEDRO   ¿Y qué me dices de la entrevista con la actriz Rosa de Valencia?
PABLO   Es difícil que la entrevista esté lista hoy. El reportero tenía gripa y lo envié a su casa. La usaremos mañana.

Additional Listening Activity 8-5, p. 174

GABRIELA   ¿Celia? ¿Viste los titulares en el periódico hoy?
CELIA   Claro, Gabriela. Una computadora con la que puedes conversar y que entiende tres idiomas. ¿Qué te parece?
GABRIELA   ¡No puede ser! No me lo esperaba.
CELIA   Y dice aquí que ahora pueden producir energía solar de noche.
GABRIELA   ¡No es posible! Eso me parece mentira. En seguida me vas a salir con que hay un aparato que puede leer las mentes.
CELIA   Ay, Gabriela, pero si yo no necesito un aparato para leer tu mente.
GABRIELA   ¡No me digas! Entonces, ¿qué estoy pensando?
CELIA   Mmm... a ver, estás pensando en un helado de fresa con unas galletas italianas...
GABRIELA   Pero, ¡qué mala eres! Ahora no puedo sino pensar en helado.
CELIA   Bueno, eso es fácil de conseguir.
GABRIELA   Ah, ¿sí? ¿Cómo?
CELIA   Es evidente. Vamos a la heladería. Después, ya no vas a tener hambre y puedes pensar en otra cosa.
GABRIELA   Celia, sin duda alguna puedes leer las mentes. A propósito, ¿sabes lo que estoy pensando ahora?
CELIA   Que la última vez que fuimos a la heladería pagué la cuenta yo. ¡Y ahora te toca a ti!

Additional Listening Activity 8-6, p. 174

NORMA   ¿Ya viste este anuncio, Ofelia? Solicitan a una persona para trabajar como vendedora en el verano.
OFELIA   ¿A ver? Es posible que nos den trabajo ahí. Escribe el teléfono y vamos a llamar. Es fácil que consigamos trabajo como vendedoras.
OFELIA   ¡No puede ser! ¿Ves esta fotografía de Mariana Mariana en esta sección? Dice que se va a casar por quinta vez... con el jugador de fútbol el Buitre Rivalta.
NORMA   No me lo esperaba. El Buitre es guapísimo y Mariana Mariana es fea.
NORMA   ¿Ya viste? Estrenaron la última película de Guillermo García en el Cine Palacio. ¿Vamos a verla esta tarde?
OFELIA   A lo mejor. Tengo que ir a casa primero para dejar mis cosas de la escuela.
OFELIA   ¡Qué zapatos tan feos! Y son la última moda en París.
NORMA   ¡No es posible! Mi abuelita tiene unos igualitos.

Additional Listening Activity 8-1, p. 172

1. b
2. a
3. c
4. c

Additional Listening Activity 8-2, p. 172

	TV	radio	guía de televisión	la prensa	uncertain
1. el accidente		✔			
2. la nueva teleserie					✔
3. Mariana Mariana	✔				
4. el robo					✔

Additional Listening Activity 8-3, p. 173

	Doubt	Ignorance	Certainty
1.	✔		
2.		✔	
3.			✔
4.		✔	
5.			✔

Additional Listening Activity 8-4, p. 173

Imposible		Posible
	Mariana Mariana	✔
✔	Buitre Rivalta	
	Museo de culturas populares	✔
	Restaurante árabe	✔
✔	Rosa de Valencia	

Additional Listening Activity 8-5, p. 174

1. c
2. c
3. b

Additional Listening Activity 8-6, p. 174

Possibility		Surprise
✔	sección de ocio	
	sección de moda	✔
✔	anuncios clasificados	
	sección de sociedad	✔

Quiz 8-1 Capítulo 8 Primer paso

I. Listening

A. **BERTA** Me gustaría relajarme un poco. Vamos a poner la televisión. Ya es hora del noticiero.

JAIME Por supuesto. Hay que estar al tanto de lo que pasa en el mundo. Sin embargo no creo que nos den muchas noticias internacionales en el noticiero.

BERTA Hombre, para eso está la prensa. Es obvio que la gente no puede estar bien informada viendo la televisión. Los locutores hablan solamente del crimen y de los incendios.

JAIME Y hay tantos anuncios que quitan tiempo de las noticias.

BERTA Por cierto.

JAIME Mira, es mejor que pongamos un documental o un reportaje, ¿no te parece? Según Ántony hay un documental sobre la Segunda Guerra Mundial a las ocho en el canal diez.

BERTA Lo dudo. Leí en la guía de televisión que Pedro Hurtado va a presentar un discurso especial a esa hora para su campaña política.

JAIME Hombre, es increíble que las cadenas nacionales pasen tantos anuncios políticos en estos días. Entonces mejor vamos a salir a comer, ¿sí?

Quiz 3-1 Capítulo 2 Segundo paso

I. Listening

A. **SR. LÓPEZ** Me gustaría ver los editoriales. Javier, hijo, ¿tú tendrás esa sección?

JAVIER Yo no, papá. Yo estoy leyendo artículos sobre fútbol y tenis. Es posible que mamá la tenga. Mamá, ¿tienes los editoriales?, que los quiere papá.

SRA. LÓPEZ No estoy segura. Acabo de terminar un artículo en la sección de ocio.

YOLANDA Quiero leer ese artículo después, pero primero quiero leer las tiras cómicas. ¿Tú tienes esa sección?

SR. LÓPEZ No me lo puedo creer. Todos Uds. tienen la sección que quieren leer. ¡Y yo todavía sin ver los editoriales! Bueno, entonces, pásenme cuando menos la primera plana.

ABUELO Yolanda, ¿me puedes encontrar los obituarios?

YOLANDA Sí, abuelito, un momento. ¡Mira, papá, allí va el perrito Pepe con los editoriales!

SR. LÓPEZ ¡No me digas! ¡Quizás él lea los editoriales primero y podrá informarme después!

ANSWERS Quiz 8-1

I. Listening
A. (10 points: 2 points per item)
1. a
2. a
3. b
4. a
5. a

II. Reading
B. (14 points: 2 points per item)
6. a
7. a
8. b
9. a
10. a
11. c
12. c

III. Writing
C. (20 points: 4 points per item)
Answers will vary. Possible answers:
13. No, dudo que Brad sea el nuevo director de nuestro colegio.
14. ¡Claro que vamos a tener un examen!
15. Por supuesto. Estoy seguro(a) que van a ser mucho mejores y más pequeñas.
16. No creo que sea un robot.
17. No puedo creer que se pueda bajar de peso con una dieta de chocolate.

IV. Culture
E. (6 points: 2 points per item)
18. b
19. a
20. b

ANSWERS Quiz 8-2

I. Listening
A. (10 points: 2 points per item)
1. e
2. b
3. d
4. c
5. a

II. Reading
B. (10 points: 2 points per item)
6. b
7. a
8. b
9. a
10. b

III. Writing
C. (20 points: 4 points per item)
Answers will vary. Possible answers:
11. No me lo puedo creer. Es imposible que esté en buenas condiciones.
12. ¡No es posible! No puede ser que a mucha gente le encante.
13. ¡No me digas! Es difícil que muchos médicos digan que la grasa es muy buena para la salud.
14. ¡No puede ser! Es imposible que haya corrido cien millas en un día.
15. No me lo puedo creer. Es difícil que sea más barato viajar a Europa que a México.

IV. Culture
D. (10 points: 2 points per item)
16. a
17. b
18. b
19. b
20. a

I. Listening

A. 1.   MARÍA   Oye, Clara. ¿Sabes que hay una nueva cadena en la televisión a partir de hoy?

                 CLARA   Claro que sí. Todo el mundo lo sabe.

     2.   MARÍA   Fíjate, Martín. Acabo de leer en el periódico que hubo un accidente en la calle donde tú vives.

             MARTÍN   Sí. Ya lo sé. Ocurrió mientras estábamos en la escuela.

     3.   MARÍA   Mario. ¿Cuándo vas a hacer un viaje a Chile?

              MARIO   No sé. Dudo que pueda ir este verano.

     4.   MARÍA   Beatriz, ¿oíste que el presidente va a estar en nuestra ciudad la semana que viene?

          BEATRIZ   No, no lo sabía. ¡No me lo puedo creer!

     5.   MARÍA   Ana, dice aquí en el periódico que no hay escuela por las próximas tres semanas.

                  ANA   Pero ¿qué estás diciendo, María? Eso me parece mentira.

     6.   MARÍA   Señora Álvarez, ¿oyó usted que nuestro equipo de fútbol ganó el partido de anoche?

      SRA. ÁVAREZ   ¡Sí, pero qué sorpresa! ¿no?

     7.   MARÍA   Gabriel, ¿piensas venir con nosotras al cine esta tarde?

        GABRIEL   Muchas gracias, María, pero no creo que pueda. ¿Cuando piensan ir?

B.   PILAR   Oye, Mario, ¿qué piensas hacer este fin de semana?

     MARIO   Bueno, primero voy de compras. Quiero comprarme esos pantalones nuevos que vi el otro día.

     PILAR   Ah, Mario. Es evidente que te encanta estar a la moda. Siempre estás comprando ropa nueva.

     MARIO   Es cierto que me gusta comprar de todo. También pienso ir al teatro a ver la nueva obra de Huidobro. Es posible que gane el premio El Gallo. ¿No quieres venir conmigo?

     PILAR   ¡Vaya! no, gracias. Me chocan las obras de Huidobro. Tú sabes que todos sus diálogos me suenan a chino. Es demasiado intelectual.

     MARIO   Bueno, entonces, ¿tú qué vas a hacer?

     PILAR   Ay no sé. Creo que voy a quedarme en casa. Quiero tratar de preparar ese pastel de chocolate que me gusta tanto. ¿Quieres ayudarme?

     MARIO   No me lo esperaba. ¿Tú quedarte en casa? Y yo que creía que te fascinaba salir. Pero sí. Me interesa la cocina, especialmente los postres. Llámame cuando comiences. ¿Qué más vas a hacer?

     PILAR   Voy a ir al parque con mi primo a jugar tenis.

     MARIO   ¿Otro partido de tenis? No me lo puedo creer.¿No jugaron el otro día?

     PILAR   Claro que sí, pero nos encanta jugar al tenis y al fútbol también.

Answers *to* Chapter Test

I. Listening Maximum Score: 30 points

A. (14 points: 2 points per item)
  1. b
  2. b
  3. a
  4. c
  5. a
  6. c
  7. a

B. (16 points: 2 points per item)
  8. c
  9. c
  10. a
  11. d
  12. b
  13. b
  14. c
  15. c

II. Reading Maximum Score: 30 points

C. (20 points: 2 points per item)
  16. c
  17. b
  18. c
  19. b
  20. a
  21. c
  22. c
  23. c
  24. a
  25. b

D. (10 points: 2 points per item)
  26. a
  27. b
  28. b
  29. b
  30. a

III. Culture Maximum Score: 10 points

E. (10 points: 1 point per item)
  31. a
  32. b
  33. b
  34. a
  35. a
  36. b
  37. b
  38. a
  39. b
  40. a

IV. Writing Maximum Score: 30 points

F. (30 points: 5 points per item)
  Answers will vary. Possible answers:
  41. No puedo creer que un perro gigante haya comido la ciudad de Nueva York. Es imposible que un perro coma una ciudad.
  42. Es cierto que ha ganado el Óscar® de mejor actor. Es fácil que gane otro.
  43. Dudo que Canadá haya declarado la guerra a los Estados Unidos. ¡No puede ser!
  44. No cabe la menor duda. Es posible que haya mucho más.
  45. Es imposible que lo hayan visto. Todo el mundo sabe que está muerto.
  46. No me lo puedo creer. Es improbable que el público quiera más anuncios en la tele.

CAPÍTULO **8**

Los medios de comunicación

■ DE ANTEMANO

1 Based on the information in **De antemano**, who would have made the following statements? Write the first letter of the person's name in the blank.

Alejandro

Juan

Mariel

__M__ 1. No me gustan los programas de política.

__A__ 2. No tengo tiempo para ver televisión.

__M__ 3. No presto mucha atención a los anuncios publicitarios.

__J__ 4. Soy locutor en un programa de enfoque mundial.

__A__ 5. No me gustan los programas musicales.

2 A magazine is conducting a survey to find out more about how much time teenagers spend watching TV, listening to music, and participating in other activities. Take part in the survey by completing the questionnaire below.

CUESTIONARIO			
¿Cuántas veces por semana ...?			
ves televisión	0	1-5	6-10	más de 10
ves el noticiero	0	1-5	6-10	más de 10
lees el periódico	0	1-5	6-10	más de 10
usas una computadora	0	1-5	6-10	más de 10
ves una película	0	1-5	6-10	más de 10
hablas por teléfono	0	1-5	6-10	más de 10
escuchas música	0	1-5	6-10	más de 10
haces algo que no tiene que ver con los medios de comunicación	0	1-5	6-10	más de 10

Practice and Activity Book p. 85

¡Ven conmigo! Level 3, Chapter 8   Chapter Teaching Resources, Book 2 **203**

3 Fill in the missing part of each of these words or phrases. Then unscramble the circled letters to spell something all of these ideas relate to.

1. En **e l n o t i c i e r o** siempre hay una **v**ariedad de **r e p o r t a j e s**.

2. Se ven muchos **a n u n c i o s** publicitarios en todos los **c a n a l e s**.

3. La **p r e n s a** mundial es enorme hoy en día.

4. Antes había tres **c a d e n a s** principales.

What do all of these relate to? **la televisión**

4 Marcela está leyendo las portadas de varias revistas que dedican mucho espacio a las noticias sensacionales. Completa las oraciones con la forma correcta de uno de los verbos indicados. Luego, crea cuatro oraciones más. ¡Sé creativo(a)!

¿Crees que sea verdad que la princesa **vuelva** a casarse por quinta vez?	No puedo creer que el Presidente **venda** la Casa Blanca por cien dólares.
Es increíble que una niña de dos años **llame** al 911 para salvar a su mamá.	Parece mentira que Elvis **compre** helado en un supermercado.

1. _____

2. _____

3. _____

4. _____

5 As program director for a TV station, you need to create three new programs (one for the morning, one for the afternoon, and one for the evening). In the space provided for each program, indicate: (1) the time the program is on, (2) the title, and (3) a brief description of the program that can be used as an announcement. Write the title and the description in spanish.

1. **Answers will vary.**
_____
_____
_____

2. _____
_____
_____

3. _____
_____
_____

6 A local TV critic, Josie Nomira, has reviewed your program plan and doesn't like it at all! She is doubtful the programming will be successful and she's determined to keep your programs off the air! For each program listed in Activity 5, write what you think Ms. Nomira might say.

Answers will vary.

No me gusta...

Pienso que...

JOSIE NOMIRA

7 ¿Alguna vez enviaste un mensaje secreto? ¿Escribiste las letras al revés o de derecha a izquierda? Hay algunos códigos (codes) más difíciles y divertidos. ¿Puedes descubrir los siguientes mensajes? ¿Entiendes los tres códigos distintos?

1.

¿	P	t	d		rr	d		x	ñ	?

¿	Q	u	é		s	é		y	o	?

2.

M		e	s	u		e	n	a		a	c	h		i	n	o

M	e		s	u	e	n	a		a		c	h	i	n	o

3.

Ñ	p		u	f	ñ	h	p		m	b		n	f	ñ	p	rr		j	e	f	b

N	o		t	e	n	g	o		l	a		m	e	n	o	r		i	d	e	a

8 Un amigo tuyo es muy pesimista y crítico. Todo lo que él dice es negativo y lleno de duda. ¿Cómo reaccionas a las siguientes opiniones de él? Usa expresiones de **Así se dice** en la página 199 si necesitas ayuda.

1. Dudo que avancemos más en la tecnología para el año 2000.
   Answers will vary. Possible answers: Estoy convencido(a) que vamos a avanzar

   mucho más en la tecnología.

2. A nadie le importa que los niños vean tantos programas violentos en la televisión.
   Todo el mundo sabe que el Congreso está tratando de reducir el número de

   programas violentos en la televisión.

3. No estoy seguro que los medios de comunicación sean eficientes.
   Es muy fácil comunicarnos con gente alrededor del mundo por medio del Internet.

   No cabe la menor duda.

4. Es increíble que los periodistas no sepan hacer una entrevista. Los artículos que escriben son ridículos.
   Es evidente que no estás leyendo material de buena calidad si piensas eso.

9 Lee esta selección sobre la tecnología del futuro y contesta las preguntas con expresiones de duda o de certeza.

Si se cumple el pronóstico de los científicos, para el año 2003 tú podrás sentarte en casa frente al televisor y, entre otras cosas, modificar el final de una película, pedir tu saldo bancario, jugar al tenis con Andre Agassi y detener la acción de una telenovela cuando te dé la gana. La interacción de la telefonía con la televisión, comandadas por una computadora, revolucionará los hábitos domésticos. Pero no sólo cuenta con la participación de la televisión sino todos los medios de comunicación: diarios, revistas y libros, telefonía y cine.

Gracias a los medios interactivos de comunicación, vas a poder crear toda una programación y su horario, entre muchas otras cosas. Por ejemplo, será posible "meterte" en un teleteatro, "construir" un noticiero, reservar un hotel para las vacaciones viendo cómo será la habitación que ocuparás, entre muchas otras opciones de una lista prácticamente interminable. Para que esto sea posible, el usuario tendrá que conectar a sus equipos un aparato electrónico que le llaman "agente inteligente", programado con las preferencias de cada uno. Claro que no va a ser barato. Se calcula que para el año 2003, la instalación del aparato puede costar entre 500 y 1.000 dólares.

1. ¿Crees que la televisión interactiva sea buena para la sociedad? ¿Por qué sí o por qué no? Si tienes la oportunidad de experimentar con esta nueva tecnología, ¿cuáles son algunas cosas que vas a tratar de hacer con ella? Explica.

   Answers will vary.

   _____

   _____

   _____

   _____

   _____

   _____

   _____

   _____

   _____

   _____

¡ADELANTE!

10 Indica si las siguientes oraciones son a) **ciertas** o b) **falsas** según la información de ¡Adelante!

__b__ 1. En Buenos Aires, los estudiantes no aprenden mucho sobre las comunicaciones.

__a__ 2. Jorge lee algunas revistas.

__b__ 3. Ramiro casi nunca lee el periódico.

__b__ 4. Jorge no lee la sección de deportes.

__b__ 5. Los estudiantes deben tomar menos horas de clase para hacer bien en el mundo del futuro.

__a__ 6. Si los estudiantes toman más horas de clase, podrán encontrar mejores trabajos.

11 Algunas personas creen que los periodistas deben ayudar al público a resolver los problemas locales y no solamente reportar sobre ellos. Lee el siguiente artículo de periódico y contesta la pregunta.

> Ayer a las diez y media de la noche en el barrio de la Magdalena, unos jóvenes robaron la casa de una señora anciana. Alicia González venía de la casa de una amiga cuando vio a tres jóvenes huir de su casa llevando un radio y un teléfono celular. Los chicos se escaparon, pero los policías comentaron que a lo mejor intentarán vender los artículos pronto. Dicen que se suelen vender los artículos robados después de un robo local.
>
> Éste es el tercer robo en ese barrio pobre en una semana. Los residentes de la Magdalena dicen que están hartos de tanto crimen en su barrio. Si tienes alguna información sobre estos chicos, la policía pide que le llames.

Imagina que eres periodista. Continúa el artículo para mencionar algunas soluciones para el problema.

Answers will vary.

_____

_____

_____

_____

_____

12 Complete the following paragraph using the correct form of the verbs in parentheses.

Este verano voy a trabajar para un periódico. Es posible que __trabaje__ (trabajar) con los reporteros en la ofinina, pero es dudoso que __vaya__ (ir) con ellos mientras investigan las noticias. Es cierto que __tengo__ (tener) el empleo, y a lo mejor me __paguen__ (pagar) bien. Tengo muchas ganas de aprender el periodismo. Es probable que __estudie__ (estudiar) periodismo en la universidad. No hay duda que los periódicos __son__ (ser) un medio de comunicación muy importante.

13 De los medios de comunicación, ¿qué sabemos de los siguientes asuntos? Usa las expresiones de **Así se dice** para comentar estos asuntos.

MODELO

Si todos reciclamos nuestra basura, es posible que nuestros hijos tengan más recursos.

1. Answers will vary.

2.

3.

¡Ven conmigo! Level 3, Chapter 8

Practice and Activity Book p. 91

Chapter Teaching Resources, Book 2 **209**

HRW material copyrighted under notice appearing earlier in this work.

14 Look at the picture below and answer the questions.

Answers will vary. Possible answers:

1. Según el dibujo, ¿a cuántas personas les interesan los asuntos políticos?
No le interesan a nadie los asuntos políticos.

2. ¿Qué se puede leer en la sección de cocina?
Se puede leer recetas exóticas y noticias sobre nuevos restaurantes.

3. ¿Qué sección se lee para saber qué hace la gente famosa?
Se lee la sección de sociedad.

4. En tu opinión, ¿por qué lee la señora la sección de moda?
Lee la sección de moda porque piensa ir de compras pronto.

15 Choose a newspaper section and write your own entry for it. You may write, for example, a short feature story, a sports summary, advice on cooking, or a comic strip with dialogue.

_____

_____

_____

_____

_____

_____

_____

_____

Practice and Activity Book p. 92

16 Complete the following sentences and find the hidden words in the puzzle.

1. Se expresan opiniones sobre temas importantes en los __EDITORIALES__.

2. Se encuentra información sobre los bancos y la economía en la sección __FINANCIERA__.

3. Los __TITULARES__ informan sobre las noticias principales del día.

4. Para ser __PERIODISTA__ tienes que escuchar a la gente y escribir bien.

5. En la sección de __OCIO__ se lee sobre el teatro, el cine y la cultura.

6. Si quieres vender algo, encontrar trabajo o conocer a gente nueva, usas los anuncios __CLASIFICADOS__.

7. Para saber si ganó anoche tu equipo de béisbol favorito, lees la sección __DEPORTIVA__.

8. Muchos periódicos ponen el tiempo local en la __PRIMERA PLANA__.

```
R  T  Z  A  L  C  O  N  T  R  A  R  I  O  H
A  T  S  I  D  O  I  R  E  P  Ñ  I  C  O  H
S  F  M  I  Y  E  T  LL D  U  C  P  C  T  S
E  F  I  E  B  N  I  I  LL LL A  I  I  Z  O
O  E  I  N  F  T  D  J  T  B  O  N  A  N  D
S  E  A  N  A  A  W  Ñ  O  U  Q  E  V  O  A
E  S  X  I  A  N  H  O  R  M  L  F  I  E  C
U  N  O  E  V  N  C  D  I  Z  K  A  T  G  I
Q  O  E  G  RR U  C  I  A  U  N  C  R  U  F
I  S  V  X  U  E  Ñ  I  L  P  I  T  O  E  I
O  E  I  LL D  V  E  B  E  R  N  O  P  A  S
Ñ  Y  H  C  L  A  R  O  S  R  A  S  E  M  A
W  Ñ  H  L  Q  E  RR O  E  S  A  I  D  N  L
H  A  N  A  L  P  A  R  E  M  I  R  P  Q  C
```

17 Imagine you are a high school teacher. Each person below comes to you with an excuse for missing class. Respond to each with an appropriate expression of surprise.

1. MANOLO   No pude venir a clase porque mi perro se comió mi libro.

   __Answers will vary._____

2. SARITA   Lo siento. Tuve que visitar a mi abuelo en el hospital.

   _____

   _____

3. MIGUEL   Discúlpeme. Es que tuve un accidente en mi carro.

   _____

   _____

4. **CARLOS** No fui a clase porque me llamó mi amiga de Uganda.

_____

_____

18 Using the pictures below, write a short letter to the local newspaper describing your experience with aliens in the park. Use vocabulary and expressions from **Así se dice** in Chapter 8.

Answers will vary.

_____

_____

_____

_____

_____

_____

_____

_____

_____

_____

_____

_____

_____

_____

_____

_____

_____

_____

_____

_____

■ VAMOS A LEER

La nuestra es una época de comunicaciones internacionales y el nuestro es un mundo grande con culturas, pueblos e idomas distintos. Por eso, ¿no crees que es imprescindible que encontremos un lenguaje universal para comunicarnos? ¿Hay alguna manera por la cual nos entendamos todos? Sí, la hay, y la usamos ya. Se llama la música.

La música es un lenguaje más universal que la palabra. Aunque no se entienda la letra de alguna canción, el ritmo, la melodía y la armonía nos hacen sentir emociones y nos comunican las emociones del músico. ¿Alguna vez has escuchado una emisora de radio de otro país o algún programa de música internacional? Un día deberías de escuchar una canción rusa, japonesa o de algún idioma africano. A lo mejor entiendes los mensajes del cantante aunque las palabras no signifiquen nada para ti.

19 Using the strategy you learned in the **Vamos a leer** section of your textbook, summarize the main points of this reading. Don't forget to jot down any questions or uncertainties you have also.

Answers will vary. Possible answers: la música como un idioma universal, cómo entender a una persona o una cultura sin palabras

_____

_____

_____

20 Based on the selection above, answer the following questions.

1. ¿Estás de acuerdo con la idea de que la música es un lenguaje universal? ¿Por qué sí o por qué no?

   Answers will vary.

   _____

2. ¿Crees que la gente del mundo puede entenderse mejor a través de la música? Explica tu respuesta.

   _____

   _____

3. Si tuvieras que comunicarte con alguien que no habla tu idioma, ¿usarías la música para expresarte? Explica tu respuesta.

   _____

   _____

■ CULTURA

21 Using cultural and communications information you learned in Chapter 8, fill in the blanks and complete the word map below. The numbered blanks in the paragraph correspond to the numbered boxes in the map.

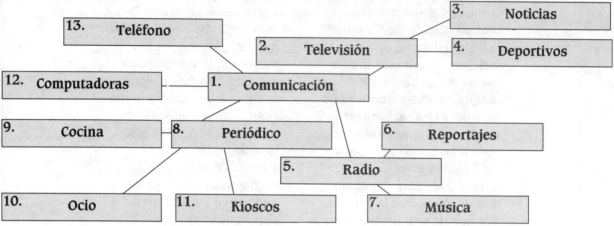

13. Teléfono	**3.** Noticias
	2. Televisión
	4. Deportivos
12. Computadoras	**1.** Comunicación
9. Cocina	**8.** Periódico
	6. Reportajes
	5. Radio
10. Ocio	**11.** Kioscos
	7. Música

En este capítulo, estudiaste los medios de (1.) ___comunicación___. Uno de los medios más importantes es la (2.) ___televisión___ gracias en parte a las (3.) ___noticias___ prácticamente inmediatas y los programas (4.) ___deportivos___. Un medio que se usa más que la tele en América Latina es la (5.) ___radio___. También se ponen (6.) ___reportajes___ sobre las noticias locales e internacionales. Pero lo más importante de este medio es la gran variedad de (7.) ___música___ que se oye todo el día. El medio más viejo es el (8.) ___periódico___ en que se pueden leer recetas en la sección de (9.) ___cocina___ o información sobre el teatro y el cine en la sección de (10.) ___ocio___. En los países de habla hispana se compra el periódico en (11.) ___kioscos___. Usamos varios medios de comunicación: cada vez más usamos las (12.) ___computadoras___ personales, y claro, ¿dónde estaríamos sin el (13.) ___teléfono___?

22 Based on what you have learned about communications in Latin America, answer the following questions.

1. ¿Por qué crees que los latinoamericanos usan la radio más que la televisión?
Answers will vary.
_____

_____

2. ¿Crees que podemos comunicarnos mejor con los avances tecnológicos? ¿Por qué sí o por qué no?

_____

_____

■ VAMOS A LEER

3 A los detalles

1. Porque es un manual de instrucciones en el que se habla al lector con respeto.
2. Sí, hay gente que piensa en que las emociones tienen que controlarse socialmente.
3. Sí, porque las referencias al reloj son de dominio: cadena, calabozo. Además, al final, el autor hace explícita la idea: "tú eres el regalado".
4. No, los "cronopios" son desordenados y los "famas" son ordenados".
5. *Answers will vary.*

4 Vamos a comprenderlo bien

1. Sí. Los niños varones deben llorar preferentemente en un rincón, para que nadie los vea.
2. *Answers will vary.*
3. No, la persona que da un reloj no se da cuenta.
4. *Answers will vary.*
5. *Answers will vary.*

5 Barrio ortográfico: las abreviaturas

1. ing.
2. núm.
3. sr.
4. hnos.
5. pág.

6 Esquina gramatical: el condicional

A.
1. Podría
2. Tendría
3. Querría

B.
4. Estaría enfermo.
5. Serían las dos de la madrugada.

■ VAMOS A ESCRIBIR

7   *Answers will vary.*

■ VAMOS A CONOCERNOS

8 A escuchar

Answers will vary.

9 A pensar

Answers will vary.

10 Así lo decimos nosotros

1. e
2. b
3. a
4. f
5. c
6. j
7. d
8. i
9. g
10. h

■ VAMOS A CONVERSAR

11   *Answers will vary.*